Walter Ondrich
Parkinson-Selbsthilfegruppe Leoben

Und täglich grüßt PARKINSON

„Es geht, wenn man geht“

Mit einer Hand voll Pillen, viel Bewegung und etwas Humor geht es in den Parkinson-Alltag

www.buchschmiede.at

Walter Ondrich
Parkinson-Selbsthilfegruppe Leoben
A-8700 Leoben, Dirnböckweg 15
T: +43 680 14 13 047 / walter.ondrich@gmx.at
in Kooperation mit dem Kneipp-Aktiv-Club Leoben

Illustration: Walter Ondrich
Umschlag: Walter Ondrich
Steckbrieffoto: Andreas Schöberl-Negishi / Kleine Zeitung
Lektorat: Dr. Rosemarie Stern, Graz

Druck und Vertrieb im Auftrag des Autors: Buchschmiede von Dataform Media GmbH, Wien
www.buchschmiede.at – Folge deinem Bauchgefühl

Besuche uns online

ISBN:
978-3-99152-415-1 (Paperback)
978-3-99152-413-7 (Hardcover)
978-3-99152-414-4 (E-Book)

PRINTED IN AUSTRIA

Dank

Ich danke allen, die mich auf meinem Parkinsonweg begleiten. Den Ärzten, Therapeuten, der Selbsthilfegruppe, den Freunden, der Familie und ganz besonders meiner Frau.

DANKE!

Mein Dank gilt auch allen Personen, Firmen, Organisationen und Verwaltungskörperschaften für Ihre Hilfe und Unterstützung.

Danken möchte ich auch allen Menschen, die mich kontaktieren und mir damit Vertrauen und Wertschätzung entgegenbringen.

Bedanken möchte ich mich auch bei allen Lesern meiner Bücher für das überaus große Lob auf meine bescheidenen Schreibkünste.

Widmung

Das Buch widme ich allen Betroffenen von Morbus Parkinson. Gebt nicht auf und kämpft gegen die Krankheit. Es lohnt sich!

Walter Ondrich

Anmerkungen

Die gesamten Nettoeinnahmen aus dem Buchverkauf kommen wieder der Parkinson-Selbsthilfegruppe Leoben für gemeinschaftliche Aktionen und für aktuelle soziale Zwecke zugute.

Inhalt

Hinweis:

Aus Gründen der Lesbarkeit wurde die männliche Form gewählt, nichtsdestoweniger beziehen sich die Angaben auf Angehörige beider Geschlechter.

Vorwort:
„... Schreiben Sie weiter!"

Tausend mal vergeblich.
Aber jetzt schaffe ich es.

*„Schreibe entweder etwas, das sich zu lesen lohnt.
Oder lebe ein Leben, über das es sich zu schreiben lohnt."*

*Benjamin Franklin
Schriftsteller & Gründer der Vereinigten Staaten*

Rückblick auf das erste Buch: *„Mit 66 Jahren – PARKINSON"*

> *„Danke für dieses großartige Buch und schreiben Sie weiter!"*
>
> *„Es ist bewundernswert mit welcher Offenheit Sie sich zu der Krankheit bekennen und mit wie viel Humor Sie über intime Probleme mit Parkinson schreiben."*
>
> *„Ihr Engagement gibt Mut und schafft Hoffnung."*
>
> *„Ich gratuliere zu Ihrem Werk, Ihrer Kraft und zu Ihrem Humor. Das Buch hat mich sehr bewegt und mir auch Zuversicht vermittelt. Ich habe es in einem Tag ausgelesen."*

Mit diesen und ähnlichen Worten haben viele Leser mein Erstlingswerk kommentiert und dabei den lockeren und humorvollen Schreibstil hervorgehoben.

Für dieses große Lob sage ich herzlich **DANKE!**

Mit diesem nie erwarteten Bucherfolg darf ich mehr als zufrieden sein, denn das Werk ist besser gelungen, als ich es mir selbst zugetraut habe. Meine „Mission“ war somit erreicht und dazu passt folgendes Sprichwort:

„Man soll aufhören, wenn es am besten schmeckt.“

Wenn ich doch nur auf diesen Ratschlag gehört hätte! Aber der Zuspruch zu meinem Buch und die vielen neuen Themen und Erfahrungen waren maßgebliche Gründe, einen weiteren Ratgeber in Angriff zu nehmen. Vielleicht war auch eine Portion Eitelkeit mitverantwortlich, um mir oder jemandem etwas beweisen zu wollen und zu können.

„Schreiben Sie weiter“, wie der Vorworttitel lautet, das sagt sich leicht. Doch das Schreiben war von Beginn an eine große Aufgabe. Nach der Fertigstellung muss ich jedoch bekennen, es war viel schwieriger als gedacht. Neben der geistigen Herausforderung war auch das Eintippen der Gedanken eine Sisyphusarbeit. Aber das Ganze der Reihe nach.

Bis vor einigen Jahren war die Vorstellung, dass ich überhaupt ein Buch schreiben werde, ein Ding der Utopie. Woher sollten die zigtausend Wörter kommen, um die vielen weißen Papierblätter oder den leeren Computerbildschirm füllen zu können?[1]

Das Leben bietet jedoch so viele Möglichkeiten und Chancen. Man muss nur an sich selbst glauben und den Schritt wagen, einen neuen Weg zu beschreiten. Mit der Diagnose Morbus Parkinson ist man sowieso gezwungen, einen anderen und mühevolleren Pfad zu gehen. Heute kann ich behaupten, ein Buch konnte erst entstehen, weil sich der Weg gabelte und die geplante Richtung nicht mehr möglich war.

Das erste Buch zu schreiben, hatte aufwandsmäßig eine ähnliche Dimension wie meine Pilgerschaft am Jakobsweg.[2]

---

1 Anmerkung des Autors: Fast 37.000 Wörter mit 256.000 Zeichen (inkl. Leerzeichen) füllen nun 160 Seiten.

2 Den Jakobsweg bin ich im Jahr 2011 allein von meiner Jakobikirche in Leoben über 3.000 km bis Santiago de Compostela (Nordwest-Spanien) gegangen.

Doch die Schwierigkeiten beim neuen Werk und damit auch der Aufwand waren vielfach größer. Vergleichend zum Vorgängerbuch war es so, als wäre ich den Jakobsweg auch noch zurückgegangen – und das erschwerend im Winter bei Eis und Schnee.

Eine der Herausforderungen, die es für dieses Buch zu bewältigen galt, waren die erwähnten Kommentare zu meinem Erstlingswerk. Dadurch entstand eine Erwartungshaltung. Einerseits von mir selbst, denn als Perfektionist „musste" das Folgeexemplar eine ähnliche Qualität haben. Aber auch jede Person, die diese Publikation erwirbt, hat eine berechtigte Erwartung, denn schließlich zahlt man dafür. Außerdem erhofft sich mancher Leser von den Betrachtungen die Erkenntnis, wie der Parkinsonweg zu begehen ist.

Das nächste Problem war die nachlassende Merkfähigkeit (siehe Kapitel 22). Der Grad des Vergessens ist erschreckend hoch. Die mangelnde Konzentrationsfähigkeit verhindert vielfach, einen gesamten Satz zu formulieren, und wenn es doch gelang, stutzte die Vergesslichkeit die erdachte Formulierung wieder zusammen. Daraufhin begann das Rätselraten, wie die zuvor gefundene Satzkonstruktion lautete.

In der Hoffnung, endlich die passende Formulierung für den nächsten Satz zu finden, habe ich zumindest den Satzbeginn eingetippt, damit sich danach der Rest ergibt. Es war zum Haare-Ausreißen, doch davon sind auf meinem Kopf zu wenige vorhanden und die verbliebenen Haare sind zu kurz, um daran reißen zu können.

Wie kann so ein Buch entstehen, wie es der deutsche Philosoph **Arthur Schopenhauer** empfiehlt?

„Wenige schreiben, wie ein Architekt baut,
der zuvor einen Plan entworfen und
ihn bis ins Einzelne durchdacht hat;
vielmehr schreiben die meisten nur so,
wie man Domino spielt."

Hat sich endlich aus dem Gedankenwirrwarr eine brauchbare und bis zum Ende durchdachte Aussage gefunden, dann begann der Tragödie nächster Teil.

Wie eingangs schon kurz erwähnt, war das Tippen das nächste Kriterium. Meine unkoordinierten Finger hinterließen oft keine sinnvollen Texte, sondern eine zufällige Abfolge von Zeichen. Diese hatten mit den erdachten Formulierungen oft wenig Ähnlichkeit. Oder kann mit dem folgenden Satz jemand etwas anfangen?

„<man missssssss ja nich hüpfemd ddddden Parcour ablolvieren"

(Man muss ja nicht hüpfend den Parcours absolvieren)

Bisher habe ich meine Gedanken am Computer mit einem 10-Fingersystem erfasst. Zwei Finger tippten und acht Finger suchten die richtigen Tasten. Parkinson konterkariert aber dieses gut funktionierende System.

In den letzten Monaten funktionierte dieses bewährte Schreibsystem nicht mehr. Nun füllt nur mehr ein Finger gemächlich, also typisch bradykinetisch, den Bildschirm mit irgendwelchen Zeichen. Der andere Tippfinger muss sich um die aufwendigen Korrekturen kümmern und die restlichen acht Finger schauen untätig zu und stören die Schreibarbeit.

Die richtige Taste aus dem mehr als einhundertfachen Angebot zu treffen und sie dann fest genug, aber ja nicht zu lange zu drücken, ist eine feinmotorische Herausforderung, die oft misslingt. Dazu kommt auch eine nachlassende Fingerspannung. In der Warteposition, bis ein anderer Tippfinger tätig werden darf, sinken die Fingerspitzen ruhesuchend auf die Tastatur hinab. Die Schwerkraft liefert dazu noch den nötigen Tastendruck und irgendein unpassendes Zeichen schleicht sich heimlich in den fertigen Text.

Das Schreiben oder Tippen war somit ein schwieriger Prozess. Zuerst magere fünf Worte nach vor und gleich wieder zwei oder mehr zurück, um die Tippfehler zu korrigieren. Das war höchst ärgerlich und muskelverkrampfend. Unzählige Stunden verflogen schneller als Minuten und das magere Ergebnis von einigen weiteren Buchzeilen war oft frustrierend.

Nun ist das Werk (endlich) vollendet und ich hoffe, es kann helfen, aus der parkinsönlichen Situation das Beste zu machen und dem Leben einen (neuen) Sinn zu geben.

Jetzt bin ich glücklich, diese Herausforderung gemeistert und nicht aufgegeben zu haben. Schwierigkeiten, die dieses Buchprojekt fast vereitelt hätten, gab es zuhauf. Sie begannen bei einem anfänglich mangelnden Ideenreichtum und endeten bei technischen Problemen und Pannen bei der Buchgestaltung.

In Anlehnung an das wunderbare Liebesgedicht des Lyrikers **Erich Fried** *„Es ist, was es ist, sagt die Liebe“* (→ Seite 141) möchte ich meinen Stolz Ausdruck verleihen, was ich dabei empfinde, ein weiteres Buch geschrieben zu haben.

„Es ist, was es ist, es ist mein Buch aus dem Parkinson-Leben.“

ACHTUNG: Lachen gefährdet deine Krankheit

Maxi ist wissbegierig und fragt seinen Papi:
„Papi, warum werden wir älter?“
„Keine Ahnung!“
„Papi, und wieso haben Giraffen so lange Hälse?“
„Ich weiß nicht.“
„Papi, warum dreht sich die Erde?“
„Keinen Schimmer.“
„Papi, stört es dich, wenn ich dauernd etwas frage?“
„Nein, frag nur, sonst lernst du ja nie was!“

Einleitung: „Parkinson, die Körperbaustelle?“

Zwischen ich und Ich
bin immer noch ICH

ICH.
Ich bin.
Ich bin ich.
Bin ich.
ICH.

Ego-istische Gedanken zu
parkinsönlichen[3] Wesensveränderungen
Walter Ondrich, 2023

Seit mehr als sieben Jahren (Stand Juni 2023) lebe ich nun offiziell mit Morbus Parkinson im selben Körper. Davor waren wir, also MP und ich, ohne es zu wissen, schon Jahre davor füreinander bestimmt. Der Arzt in der Neuro-Ambulanz hat das „schlampige Verhältnis“ mit der Diagnose Parkinson legalisiert. Es war somit eine Zwangsheirat, wie es beim Adel oft der Fall war und wie es einigen Kulturen noch Sitte ist.

---

[3] **Parkinsönlich** – diesen Begriff verwende ich, um das Thema Parkinson und eine daraus resultierende Situation trefflich als Gemeinsames bezeichnen zu können. **Parki** oder **Parkis** ist eine verkürzte Form von Parkinson-Betroffene(r).

Anfangs war unsere aufgezwungene Verbindung fast feindselig. Gewöhnt, dass ICH über mich selbst bestimmen kann, war das ungefragte Einmischen in meine innersten Bereiche ein schwerer Affront. Seit dem Auftauchen des neuen ICHs finden laufend körperliche Umbauarbeiten und Veränderungen statt. Der Eindringling hat sich in mein ursprünglich trautes Heim mit 1,73 m Höhe und dem Körpervolumen von rund 70 kg eingenistet und behauptet vehement, nun das neue ICH zu sein.

Ungefragt hat das unverschämte Zweit-Ich gleich quer über alle Körperregionen und Funktionen hinweg Abänderungen vorgenommen. Ich kann daraus keinen wirklichen Nutzen ableiten. Oder findet es jemand besser, wenn die einst sportlich schlanke Figur im Rückenbereich gebeugt ist? Ich war mit meinem bisherigen Äußeren recht zufrieden, auch wenn es schon etwas faltig und kopfhaarreduziert ist.

Einen Schwachsinn nenne ich den Erker im Bauchbereich. Von der Seite ist die bauliche Veränderung leider gut zu sehen. Dabei genieße ich seit der Pensionierung den Status: „Historisches Bauwerk - denkmalgeschützt".

Der Eindringling lagert in dieser Ausbuchtung die festen Ausscheidungen und gibt die nutzlosen Stoffe nicht frei. Das sorgt für verhärtete Fronten. Weil die Entsorgung nur zweimal in der Woche erfolgreich ist, bleibt ein einziger Pluspunkt übrig. Der Corona-bedingte Vorrat der softweichen Abrissblätter für das stille Örtchen reicht somit noch Jahrzehnte.

Bedenklich finde ich die ständige Reduzierung der geistigen Lagerräume. Dort, wo einst die Hautevolee von Ideen lagerte, herrscht eine gespenstige Leere und diese Abteilung wird nun von der Vergesslichkeit verwaltet - oder auch nicht!

Alle körperlichen Dienststellen befinden sich in einem Bummelstreik und arbeiten parkinsönlich langsam. Anfragen ans Oberstübchen zwecks Auskunft von benötigten Namen und Bezeichnungen werden nicht beantwortet oder erst verspätet zugestellt. Die Wissensspeicherräume sind mit unnötigen Informationen vollgestopft. Es ist zum Verzweifeln, bis man in diesem Chaos etwas findet.

In diesem Fall ist Eigeninitiative gefragt und es müssen Ersatzbegriffe wie „Dings" verwendet werden. Geistige Ergüsse erhält man nur gegen Schmiergeld à la Schokopralinen.

Auch die technische Maus in meiner Hand, die an und für sich recht flink ist, kriecht nun bei parkinsönlicher Handsteuerung schneckenartig über den Schreibtisch. Wenn man einmal nicht darauf achtet und mit Gegenmaßnahmen reagiert, hat man wieder ein Stück vom ehemaligen ICH verloren.

Nein und noch einmal nein! Da spiele ich nicht mit und zeige der Parkinsonausgabe meine dritten Zähne. Ich will weiterhin das Walter-ICH bleiben, mit der aktuellen Release-Nummerierung[4] 1.73 (Release: 1 mit 73. Jahresversionen). Oder hat Parkinson aus mir ein anderes ICH gemacht. Dann würde die neue Ausgabe „Parkinson-Ich" 2.7 lauten.

Die Vorgänge irritieren und frustrieren. Sie lassen die Frage aufkommen: „Bin ich jetzt noch ICH, so wie ich es war, bevor das Parkinson-Ich bei mir eingezogen ist? In welcher ICH-Ausprägung werde ICH wahrgenommen? Als ehemaliges ICH oder als neues ICH? Wer bin ich nun und gibt es mich noch?"

Das reizende Kinderbuch „*DAS KLEINE ICH BIN ICH*" von Mira Lobe hält eine simple Antwort parat. In diesem Buch sucht ein kleines buntes Etwas seine Identität und stellt sich dann die Frage: *„Ob es mich denn überhaupt gibt?"*

Das Ding kommt dabei zur Erkenntnis: *„Es gibt mich – ich bin ich"*. Damit ist die Frage beantwortet, wer ich bin.

„Ich bin ICH!"

Ich will ICH bleiben. ICH mit meiner ursprünglichen Art und mit allen positiven Eigenschaften und Talenten, aber auch mit den verbesserungswürdigen Verhaltensweisen. Darum will ich auch die parkinsönlichen Auswirkungen mit den körperlichen und geistigen Einschränkungen möglichst geringhalten. Das ist mein Ziel.

---

[4] Mit **„Release"** wird eine funktionell überarbeitete Ausgabe eines Computer-Programmes gekennzeichnet. Die Versionsnummer weist auf die Anzahl der kleinen Anpassungen hin.

Ich bin somit das neue ICH in der aktuellen Releaseversion 2.7 (zweite Ausgabe inklusive der bisher sieben parkinsönlichen Jahresanpassungen seit der Parkinson-Diagnose).

Für das neue ICH gilt es das zu finden, was im alten ICH keinen Platz hatte. Die neue Situation birgt die Chance in sich, Altlasten über Bord zu werfen und neuen Möglichkeiten Raum zu geben. Aktiv zu bleiben sowie offen für Veränderung zu sein oder Neues zuzulassen, das ermöglicht es den vorhandenen Kenntnissen und verborgenen Talenten, das Leben zu bereichern.

Damit bekommt das Leben, trotz Alter und Krankheit, einen neuen Schwung und vertreibt so mentale Verstimmungen. Mit der Aktivität ist auch die parkinsönliche Antriebslosigkeit kein Thema mehr. Das ist Wertschätzung für sich selbst.

Mit Forscherdrang und Eigeninitiative hat der Erfinder der Smovey®-Ringe, selbst an Parkinson erkrankt, für sich ein Therapiegerät gebastelt und damit auch ein Freizeitsportgerät für jederfrau und -man geschaffen.

Meine Antworten auf Parkinson sind die Aktivitäten für die Selbsthilfegruppe und meine Bücher können Orientierung, Hilfe bieten.

PARKINSON – Ich gebe nicht auf, du wirst den Kampf spüren.

ACHTUNG: Lachen gefährdet deine Krankheit

Eine Frau steht nackt vor dem Spiegel und sagt zu ihrem Mann:

„Schatz, es ist frustrierend.
Wenn ich mich so sehe, da fühle ich mich sehr alt.
Meine Haut ist faltig, meine Haare dünn und grau.
Meine Brüste hängen schlapp und ich bin dick geworden.
Sag bitte etwas Positives zu mir, damit ich mich besser fühle."

Der Gatte betrachtet sie eine Weile und antwortet dann:

„Ich glaube, du übertreibst maßlos.
Deine Augen sind anscheinend noch immer gut."

Abschnitt: „Mein letzter Wille ist eine Pille“

Der folgende Abschnitt befasst sich mit den „parkinsönlichen“ Medikamenten und dem Drumherum von Tabletten und Pillen. Das gereimte Gedicht soll ein humorvoller Einstieg in das Thema sein.

Schweres Leiden

Am Anfang war da ein Drücken,
irgendwo in der Mitte vom Rücken.
Nein - eigentlich kam's von innen raus
als wenn über die Leber lief eine Laus.

Aus dem Drücken wurde ein Zwicken
im Inneren vom Bauch, dem dicken.
Dann begann es überall zu schneiden,
so künden sich an die schweren Leiden.

Zu spüren war ein dumpfer Schmerz,
es wurde mir bang rund ums Herz.
Dem Ende nah, macht man keine Witze
man spürt schon die aufkommende Hitze.

Nun war das Ganze nicht zum Lachen,
Zeit war's, das Testament zu machen.
Ich habe noch in ein Fläschchen uriniert
und rief den Doktor, dass er mich kuriert.

Der Medikus tat rundherum dann klopfen
und ließ mich schlucken bittere Tropfen.
Ich wollte einen Rat, einen profunden,
und keine Antwort: „Nichts gefunden!“

So hatte der Doktor mit dem weißen Kittel
für meine Leiden keine Wundermittel.
Seine Diagnose war wie eine Schmähung:
„Ich soll ihn nicht rufen wegen einer Blähung.“

© W. Ondrich, 2022

Kapitel 1
„Und täglich grüßt Parkinson"

„Genieße deine Zeit,
denn du lebst nur jetzt und heute.
Morgen kannst du Gestern nicht nachholen
und später kommt früher als du denkst."

Albert Einstein
Physiker und Nobelpreisträger

Wenn Parkinson ins Leben tritt, dann ändert sich das Dasein von einem Tag auf den anderen. Abrupt steht man vor einer Situation, die Angst macht und deprimiert. Dabei war Parkinson auch vor dem Zeitpunkt der Diagnose schon ein Lebensbegleiter. Verschiedene körperliche und mentale Probleme sind oft schon über längere Zeit lästig oder belastend. Nach dem Erkennen dieser unheilbaren Krankheit können viele der persönlichen Wehwehchen und kränklichen Themen auf einen Namen zusammengefasst werden – „PARKINSON". Eine unheilbare neurologische Krankheit, deren Symptome sich stetig verschlechtern und die keine erbauende Zukunft verheißt.

Morbus Parkinson wird in der Bevölkerung oft nur mit dem Zittern in Verbindung gebracht und entsteht durch eine Dopamin-Unterversorgung. Ausgelöst wird dieser Mangel durch absterbende Gehirnzellen in der „Substantia nigra“, der sogenannten schwarzen oder dunklen Gehirnregion. Eiweißablagerungen verursachen diese Zellschädigungen.

Dadurch kommt es zu massiven Störungen der Bewegungsabläufe, der Motorik, der Sensorik, des vegetativen Nervensystems und der Psyche. Das Leben wird dann geprägt von Medikamenten, um das Defizit des wichtigen Botenstoffs auszugleichen. Des Weiteren können gezielte Therapien die Körperfunktionen trainieren. Die Basis für ein weitgehend erträgliches Leben mit Parkinson findet man bei reichlicher körperlicher und geistiger Bewegung.

Damit die Wirkung der Medikamente optimal zur Geltung kommen kann, sind regelmäßige Tagesabläufe nötig. Sie takten den Alltag neu, weil ein Zeitabstand zur Nahrungsaufnahme erforderlich ist. Abweichende Vorhaben müssen vorausschauend geplant und medikamentös berücksichtigt werden. Der Buchtitel und zugleich auch die Kapitelüberschrift treffen die Situation auf den Punkt. So grüßt für den Rest des Lebens täglich Parkinson. Wie sich das auswirkt und was der Betroffene selbst und sein Umfeld tun können, wird im Laufe des Buches erwähnt.

Die Kapitelüberschrift nimmt Anleihe am amerikanischen Film *„Und täglich grüßt das Murmeltier“*. Die bekannte Filmkomödie wird regelmäßig am 2. Februar, dem „Murmeltiertag“, auf verschiedenen Fernsehkanälen gesendet. An diesem Jahrestag liefert in einigen nordamerikanischen Städten ein Murmeltier eine mehrwöchige Wetterprognose.

Wenn das putzige Tier an diesem Lostag seinen eigenen Schatten sehen kann, dann werten die Bewohner der US-amerikanischen Kleinstadt Punxsutawney im Bundesstaat Pennsylvania diesen Umstand als Anzeichen für weitere sechs Wochen mit winterlicher Witterung. Bei bedecktem Himmel und ohne den Murmeltierschatten würde jedoch der Frühlingsbeginn bald bevorstehen.

Die Geschichte mit der Murmeltier-Wetterprognose und dem immer wieder erlebten Geschehen in der nordamerikanischen Stadt wurde zur Redewendung für immer gleich ablaufende Vorgänge.

Was hat der Film und die Vorgänge mit Parkinson zu tun?

Nachdem es bei dieser Erkrankung bis zum heutigen Tag noch keine Heilung gibt, werden wir ständig von den Symptomen dieser chronischen Krankheit geplagt. Bis zum Lebensende lässt dann Parkinson täglich grüßen.

Das Leben bekommt auch einen neuen Stellenwert und Rhythmus. Der tägliche Ablauf kann kaum mehr selbst bestimmt werden. Das Dasein wird von der Medikamentenabhängigkeit diktiert und die Einnahmeabstände verkürzen sich. So ähneln sich die Tagesabläufe und die Uhr bleibt ständig im Blickpunkt, wann das nächste Medikament einzunehmen ist.

In diesem Sinn wurde aus dem bekannten Filmtitel der treffliche Titel für dieses Buch.

Parkinson – ich kämpfe täglich gegen deine Attacken.

ACHTUNG: Lachen gefährdet deine Krankheit

Zwei Indianer gehen zu ihrem Medizinmann und fragen:
„Kannst du uns sagen, wie in diesem Jahr der Winter wird?"

Der Medizinmann nimmt eine Handvoll Steine,
wirft sie zu Boden und sagt:
„Sammelt viel Holz zum Heizen."

Am anderen Tag kommen auch von anderen Stämmen die Indianer zu ihm und fragen dasselbe. Auch ihnen sagt er:
„Sammelt viel Holz."

Der Medizinmann ist sich aber seiner Sache nicht sicher, kontaktiert das Wetteramt und bittet um deren Prognose.
„Hugh, können Sie mir bitte sagen,
wie wird in diesem Jahr der Winter?"

Er bekommt zur Antwort
„Es wird ein ganz harter Winter!
Die Indianer sammeln Holz wie die Verrückten."

Kapitel 2
„… am Dopamin hängt doch alles“

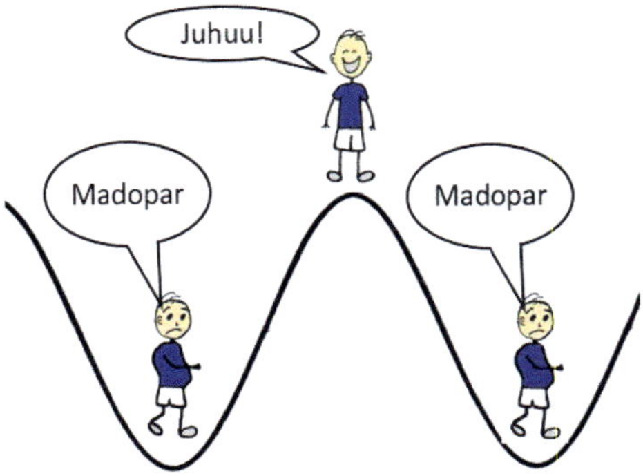

„Ich brauche keine Medikamente,
mir reicht die Gesundheit.“

Walter Ondrich, Autor und Parkinson-Patient

Das verwendete Originalzitat für den Kapiteltitel stammt aus dem „Faust - Der Tragödie erster Teil“ von Johann Wolfgang von Goethe. *„Nach Golde drängt, am Golde hängt doch alles. Ach, wir Armen!“*

Der Ausspruch drängt sich auf, will man den Auslöser der mannigfachen Symptome erklären. Man tausche die Worte *„Golde“* gegen *„Dopamin“* aus und kann mit dem so veränderten Zitat das Grundübel dieser neurologischen Erkrankung beschreiben.

Dopamin leitet die Signale vom Gehirn zu den Muskeln und ein Mangel dieses Botenstoffes führt zu den typischen Symptomen, die bei dieser Krankheit auftreten. Jeder Parki kann vom fehlenden Dopamin ein Lied singen, sofern er/sie noch bei Stimme ist. Aber dafür gibt es LOUD - siehe Kapitel 24.

Morbus Parkinson ist eine schleichende Erkrankung und das ansteigende Dopamin-Manko wird über viele Jahre nicht bemerkt. Die ersten Anzeichen werden auch nicht mit Parkinson in Verbindung gebracht und die Beschwerden werden einzeln betrachtet und erfolglos behandelt.

Erst, wenn einmal 50 bis 60 % der Zellen in der schwarzen Gehirnregion abgestorben sind und sich auch die Anzeichen mehren, wird der Verdacht auf die Parkinson-Erkrankung fallen.

Für eine diesbezügliche Diagnose muss neben den Früherkennungssymptomen auch eines der vier Kardinalsymptome[5] zutreffen.

Medikamente können Morbus Parkinson nicht stoppen oder heilen. Sie können nur für eine kurze Zeit das mangelnde Dopamin ersetzen. Damit können die Beeinträchtigungen für einige Stunden verbessert werden, je nach Medikament und Stadium der Erkrankung. In diesem Zeitraum und bei gutem Ansprechen auf die eingesetzten Wirkstoffe kann der Betroffene ein halbwegs normales Leben führen. Wenn aber die Substanz wieder verbraucht und abgebaut ist, bedarf es einer neuerlichen Zufuhr von Ersatzstoffen zur Dopaminversorgung. Somit ergibt sich ein mehr oder minder langer Rhythmus für die Einnahme der Medikamente, um eine gute und weitgehend gleichmäßige Wirkung zu erreichen.

Zu vergleichen ist dieser Vorgang mit der Nahrungsaufnahme. Der Mensch braucht regelmäßig Nahrung, damit der Körper genügend „Brennmaterial" (sprich Kalorien) zur Verfügung hat und leistungsfähig bleibt. Wenn der zugefügte Brennstoff verbraucht ist, dann muss dem Magen wieder Brennmaterial zugeführt werden. Sonst meldet sich die körperliche Alarmanlage mit einem Hungergefühl. Somit benötigt der Körper je nach Aktivitäten und zugeführtem Brennstoff mehrmals am Tag Nahrung als Antriebsenergie. Der typische Essensrhythmus von drei Mahlzeiten am Tag reicht bei Schwerarbeit oft nicht aus und man muss dem körperlichen Motor mit Zwischenmahlzeiten zusätzliche Energie zur Verfügung stellen. Sonst bedient sich der Organismus an den Energiereserven, den Fettdepots im Körper.

---

[5] **Kardinalsymptome**:
Rigor (Muskelstarre, Muskelsteifheit),
Tremor (Muskelzittern mit Unterscheidung Ruhe- und Belastungstremor),
Bradykinese/Akinese (Bewegungsverlangsamung/Bewegungslosigkeit) und
posturale Instabilität (unsichere Körperhaltung und vorgeneigter Gang).

In früheren Zeiten, als viele Tätigkeiten mit Körperkraft vorgenommen wurden, die heute leistungsstarke Maschinen übernehmen, mussten die Menschen ausreichend und hochwertiges Brennmaterial zu sich nehmen. Mehl oder Grieß füllten den Magen, aber Fett lieferte die Energie.

Das zeigt sich zum Beispiel bei den Holzknechten, die Schwerstarbeiten leisteten. Ihre Speisen, die sie sich selbst im Wald zubereiten mussten, waren zwar einfach, aber sehr kalorienreich. Der typische Holzhacker-Sterz ist eines dieser Gerichte. Mehl, Wasser und Salz waren die Zutaten und diese wurden mit reichlich Schweineschmalz verkocht. Das war eine kräftige Speise am Morgen und nach der Arbeit am Abend. Dazwischen brachten Brot und Speck die notwendige Energie für die anstrengende Arbeit.

Auch auf den Bauernhöfen wurden sättigende Speisen zubereitet, damit die Dienstboten Kraft für ihre schwere Arbeit hatten. Ein geiziger Bauer, der sein Gesinde nicht ordentlich verköstigte, bekam die Rechnung mit geringerer Arbeitsleistung serviert.

Wird dem Körper mehr Brennmaterial zugeführt, als momentan verbraucht wird, dann legt sich der Körper für schlechte Zeiten Reserven in Form von Fettdepots zu.

Für das Dopamin gibt es leider keine Lagerstätte und es muss für den laufenden Betrieb ständig erneuert werden. Nachdem die Gehirnregion den Bedarf nicht mehr ausreichend zur Verfügung stellen kann, müssen Ersatzstoffe zugeführt werden.

Der Neurologe wird den Bedarf schätzen und verordnet für jeden Patienten die passenden Präparate, die Verabreichungsform, die Dosis und die Einnahmezeiten je nach Krankheitsstadium, Alter, Verträglichkeit und dem persönlichen Allgemeinzustand. So erhält jeder Patient ein individuelles Medikamentenmenü und ist gut beraten, diese Verordnung exakt einzuhalten.

Nachdem die Gehirnschädigungen nicht zu stoppen sind, wird auch immer weniger körpereigenes Dopamin ausgeschüttet. Somit braucht der Körper mehr Ersatzstoffe. Das heißt, die Dosis der Medikamente zu erhöhen und/oder sie öfter zu verschreiben.

Aber wenn einmal die Dopamin-Versorgung in Tablettenform kaum mehr erfolgreich ist, dann kann der Arzt auch anregen, mit technischen Hilfsmitteln (Pumpen) dem Körper regelmäßig das Medikament zuzuführen. Auch eine Gehirnoperation zum Einsetzen eines Stimulators für die Dopaminproduktion, ähnlich einem Herzschrittmacher, kann überlegt werden.

Beide technische Lösungen können eine enorme Verbesserung der Lebensqualität mit sich bringen (siehe Kapitel 10 & 27).

Die passende medikamentöse Therapie zu finden, die Strategie der unterschiedlichen Medikamententypen und was dabei zu beachten ist, ist eine Wissenschaft für sich. Doch das ist eine andere Geschichte, die Ärzte genauer erklären können.

Parkinson – ich wehre mich mit allen Mitteln.

ACHTUNG: Lachen gefährdet deine Krankheit

Zwei Jäger sind im Wald unterwegs. Plötzlich bricht einer zusammen. Der andere wählt sofort den Notruf:

„Ich glaube, mein Freund ist tot. Was soll ich tun?"

Darauf der Notarzt:
„Bleiben sie ganz ruhig!
Stellen Sie zuerst sicher, dass er wirklich tot ist."

Für einen Momente ist es still. Dann ein lauter Schuss.
Darauf hört man den Jäger:

„Und, was soll ich jetzt tun?"

Kapitel 3
„Das klingt alles sehr kompliziert ...“

Die Fragestellung ist
zu kompliziert.

„Ein Wort zu schreiben ist einfach,
kompliziert wird es ab dem zweiten Wort.“

Walter Ondrich
Autor und Parkinson-Betroffener

Der Text für die Kapitelüberschrift stammt vom ehemaligen Bundeskanzler Dr. Fred Sinowatz. Es war ein Stoßseufzer bei seiner Regierungserklärung im Jahr 1983. Er beklagte damit die komplizierte Regierungstätigkeit.

Die medikamentöse Therapie bei Parkinson ist auch sehr kompliziert, denn jeder Patient hat ein anderes Krankheitsbild und benötigt eine passende Medikation aus den verschiedenen Möglichkeiten und Wirkungen. Zusätzlich reagiert jeder Mensch anders auf die Substanzen und auch die Krankheitsverläufe entwickeln sich unterschiedlich. Die Kapitelüberschrift ist bei dieser Erkrankung sehr zutreffend.

In diesem Kapitel werden die unterschiedlichen Parkinson-Medikamente vorgestellt und was dabei zu beachten ist. Eine exakte Erklärung können die Fachleute liefern.

Wenn der Arzt sagt: *„Sie haben Parkinson!"*, dann spricht er nicht über eine ganz bestimmte Krankheit, sondern über ein Erscheinungsbild (Syndrom) in unterschiedlichen Ausprägungen.

Man unterscheidet zwischen:

1. Primäres Parkinson-Syndrom in zwei Ausprägungen:
   - a.a) **idiopathisches Parkinson-Syndrom** (von unbekannter Herkunft)
   - a.b) hereditäres (erbliches) Parkinson-Syndrom
2. sekundäres (symptomatisches) Parkinson-Syndrom
3. atypisches Parkinson-Syndrom

Auf Unterschiede und Details dieser Syndrome[6] kann hier nicht eingegangen werden. Dazu fehlt dem Autor das nötige Wissen. In erster Linie treffen die Aussagen in diesem Buch auf das primäre Parkinson-Syndrom zu und im Detail auf den idiopathischen Typ. Also eine Störung des Gehirns, ohne die Ursache dafür zu kennen. Das ist der klassische Parkinson-Typ mit einem Anteil von 75 % aller Parkinson-Erkrankungen.

Durch absterbende Gehirnzellen wird der Organismus immer weniger mit dem körpereigenen Dopamin versorgt und die Folge sind die Auswirkungen mit Namen Morbus Parkinson. Derzeit kann der Verlauf der Krankheit noch nicht gestoppt werden. Es gibt aber Medikamente, die mit unterschiedlichen Strategien den Dopaminmangel temporär ausgleichen können und den Betroffenen ein verbessertes Leben ermöglichen.

Levodopa:

Die Medikamente mit dieser Substanz sind der „Goldstandard"[7] für die medikamentöse Therapie bei Parkinson. Die bekanntesten Produkte sind Madopar®, Sinemet® und Stalevo®. Sie unterscheiden sich durch die zusätzlichen Substanzen, mit denen eine bessere Wirkung oder Verträglichkeit erreicht.

---

[6] **Symptom** bezeichnet in der Medizin ein Anzeichen oder Merkmal für eine Erkrankung. Bei einem **Syndrom** treten verschiedene Symptome auf.

[7] Mit dem Begriff **„Goldstatus"** werden Heilverfahren oder Medikamente bezeichnet, die sich zur Behandlung einer Krankheit am besten bewährt haben.

Levodopa, auch L-Dopa genannt, ist eine Vorstufe von Dopamin. Diese Aminosäure kann die Blutschranke im Gehirn überwinden und wird in Folge zu Dopamin umgewandelt. An den L-Dopa-Medikamenten wird kein Parkinson-Patient vorbeikommen.

Zur besseren Versorgung werden diesem Wirkstoff noch weitere Arzneistoffe, sogenannte **COMT-Hemmer**, beigefügt. Die COMT-Blockade verhindert, dass der Organismus das Levodopa schon vorzeitig abbaut, bevor es ins Hirn gelangt. Man kann sich diese COMT-Hemmer wie einen Begleitschutz für wichtige Persönlichkeiten (VIP) vorstellen. Vereinfacht könnte man es sich so merken: *„Mit COMT kommt L-Dopa"*.

Bis der Wirkstoff L-Dopa im Gehirn ankommt, muss die Tablette zuerst vom Magen aufgelöst werden. Dazu ist reichlich Flüssigkeit (Wasser oder Tee) nötig. Erst wenn die Substanz im Dünndarm angelangt ist, wird L-Dopa vom Blutkreislauf zum Gehirn weitertransportiert – gut begleitet von den COMT-Hemmern.

Für die Nachtstunden kann der Arzt auch Retard-Tabletten verordnen. Diese Variante gibt den Levodopa-Wirkstoff langsam, aber über einen längeren Zeitraum ab. Gegen eine morgendliche Unbeweglichkeit hilft eine wasserlösliche L-Dopa-Variante, schneller beweglich zu werden.

Wenn L-Dopa (Madopar, Sinemet usw.) für das Wohlbefinden sorgen soll, dann muss die Tablette bei leerem Magen eingenommen werden. Mehr als eine Stunde vor der Einnahme des Medikaments und auch mindestens eine halbe Stunde danach dürfen keine eiweißhaltigen Speisen (z.B. Fisch, Fleisch, Eier, Milchprodukte und Speisen aus Sojabohnen usw.) gegessen werden. Denn Eiweiß in den Nahrungsmitteln behindert die Aufnahme von L-Dopa im Körper.

Levodopa braucht gut eine halbe Stunde, bis die Substanz im Organismus aufgenommen wird. Erst nach etwa einer Stunde kommt das Mittel voll zur Geltung und das Gehirn kann den Körper wieder ausreichend mit Dopamin versorgen. So lange, bis ein natürlicher Prozess das Dopamin, wie alle Hormone, wieder abbaut und die nächste Tablette notwendig wird.

Die Halbwertszeit beträgt etwa ein bis eineinhalb Stunden. Mit dem Abklingen der Substanz nach etwa vier Stunden ist auch die Wirkung entschwunden und der Körper verlangt die nächste Dosis L-Dopa. Der Rhythmus von Hochs und Tiefs ähnelt einer Sinuskurve, wie es auch die Zeichnung in Kapitel 2 zeigt.

Wird der Abstand zwischen den L-Dopa-Zeitpunkten gestreckt, was grundsätzlich möglich wäre, wird man die Verschlechterung der Symptome zu spüren bekommen. Das Auslassen einer L-Dopa-Zuführung kann fatale Folgen haben. Dadurch kann sich die Befindlichkeit stark verschlechtern. Es besteht dann die Gefahr, dass es im fortgeschrittenen Stadium der Erkrankung zu totaler Bewegungslosigkeit (Akinese[8]) kommt (siehe Kapitel 25).

Der Titel des spannenden Romans „*Wem die Stunde schlägt*" von Ernest Hemingway trifft sehr pointiert das tägliche Prozedere. Wird der Betroffene mit L-Dopa behandelt, dann kann der Tagesrhythmus nicht mehr frei gewählt werden. Die Einnahmezeiten diktieren dann den Tagesablauf und wem die Stunde schlägt oder wessen Handy piepst, der ist gut beraten, die Tablette alsbald einzunehmen.

Die Essenszeiten vom Frühstück bis zum Schlafengehen müssen auf die Einnahmezeiten der L-Dopa-Medikamente abgestimmt sein. Alle Verrichtungen im Haushalt oder Aufgaben im Berufsleben, alle Erledigungen oder persönliche Vorhaben wie Sport, Vergnügen oder Reisepläne müssen sich danach richten.

Es bedarf einer gut strukturierten Vorsorge, dass der Zeitplan eingehalten werden kann und auf die pünktliche Einnahme nicht vergessen wird. Die notwendigen Medikamente und ein paar Reservetabletten müssen ständige Begleiter im Leben sein und auch eine kleine Menge Wasser.

Für alleinlebende oder (leicht) demente Personen besteht die Gefahr, die Einnahmezeiten zu übersehen. Da können vorbereitete Medikamentenboxen und die Weckfunktionen von Handys oder spezielle Tablettenspender eine Hilfe sein, die Termine einzuhalten.

---

[8] **Akinese** vom griechischen „a" für „nicht" und „kinesis" für Bewegung.

Wie geht man jedoch mit dem Problem um, dass man pflichtgemäß die Weckfunktion abschaltet, aber auf die Einnahme der Pille total vergisst? Mit einer Erinnerung für die Erinnerung?!

Kritisch wird der Tagesablauf, wenn die Einnahmezeit auf zwei bis drei Stunden gekürzt werden muss. Das ergibt ein logistisches Problem. Die Essenssperrzeiten sind dann kaum mehr einzuhalten. In diesem Fall und bei starken Wirkungsschwankungen sind andere Lösungen zu suchen (siehe dazu Kapitel 10).

Unter Fachleuten gibt es zwei konträre Strategien für den Einsatz von L-Dopa. Ein Teil der Ärzte präferiert die Vorgangsweise, das L-Dopa zu sparen und mit den anderen zur Verfügung stehenden Medikamenten möglichst lange das fehlende Dopamin zu ersetzen. Damit kann man im späteren Krankheitsstadium länger von der guten Wirksamkeit von L-Dopa profitieren. Ganz nach dem Motto: *„Spare in der Zeit, dann hast du in der Not"*.

Andere Fachärzte empfehlen den Einsatz von L-Dopa schon im früheren Stadium der Erkrankung, weil damit in jüngeren und auch aktiveren Jahren ein Gewinn an Lebensqualität erzielt wird. Da besteht der Wunsch zu reisen, Sport zu betreiben und mit Hobbys aktiv zu bleiben. Nach dem Motto eines spanischen Sprichworts: *„Niemand kann mir nehmen, was ich getanzt habe."*

Wenn im Laufe der Jahre Fluktuationen[9] auftreten, dann wird es schwierig, den Patienten medikamentös passend einzustellen. Die Symptome können vermehrt und plötzlich auftreten, was als ON-OFF-Phasen bezeichnet wird. In den OFF-Phasen verschlechtern sich meist die motorischen Fähigkeiten. Das kann zum abwechselnden Zittern und plötzlichen Erstarren („Freezing") führen. Die Blockade verhindert auch ein Weitergehen. Da kann ein schnell wirkendes Medikament Abhilfe schaffen (siehe nächster Absatz). In OFF-Phasen können zusätzlich auch Stimmungsschwankungen und Aufmerksamkeitsprobleme auftreten. Auch das Schmerzempfinden kann sich verstärken.

---

[9] Von **Fluktuationen** spricht man in der Medizin, wenn die Wirkung der Medizin schwankend ist.

Dopaminagonisten:

Mit dieser Gruppe von Medikamenten, die mit ihren Wirkstoffen die Gehirnrezeptoren zu einer Dopaminproduktion anregen, kann auf andere Weise der Dopaminmangel behoben werden. Die bekanntesten Dopaminagonisten sind Apomorphin (APO-go®), Pramipexol (u. a. von Sifrol®) oder Ropinirol (u. a. von Requip®).

Eine magenschonende Verabreichung des Medikaments bietet das Arzneimittel Rotigotin von Neupro®. Dabei wird der Wirkstoff über ein Hautpflaster aufgenommen. Bei einer Pflasterunverträglichkeit kann dieses Medikament nicht eingesetzt werden.

Die Substanz Apomorphin wird wie bei einer Insulinspritze mit einem Pen ins Fettgewebe unter die Haut gespritzt und wirkt schon in kurzer Zeit. Dieses Heilmittel wird hauptsächlich in der späten Phase eingesetzt, wenn Wirkungsfluktuationen auftreten, die mit oralen Parkinsonmitteln nicht mehr wirkungsvoll therapierbar sind. Für eine dauerhafte Behandlung wird das Mittel auch über eine Pumpe zugeführt.

Der Vorteil der Dopaminagonisten ist, dass sie unkompliziert in der Einnahme sind. Es müssen keine Essenssperrzeiten eingehalten und sie müssen nicht punktgenau eingenommen werden. Oft reicht eine Tablette zum Frühstück für den ganzen Tag. Bei jüngeren Patienten und im frühen Stadium der Erkrankung sind diese Medikamente eine gute Wahl, weil die Beschwerden gut behandelt werden können. Es sind auch keine Langzeitfolgen bekannt. Damit kann die Levodopa-Therapie später einsetzen.

Gegen die Agonisten spricht aber die geringere Wirkung und einige unangenehme Nebenwirkungen. Anfangs oder auch bei einer Dosiserhöhung können Kopfschmerzen und andere Beschwerden auftreten. Doch vor sehr gravierenden Nebenwirkungen muss bei den Dopaminagonisten eindringlich gewarnt werden. Sie können Müdigkeit verursachen und zu einem Sekundenschlaf führen.

Müdigkeit führt in meinem Fall sogar dazu, dass in ruhigen Phasen, so wie beim Lesen oder Fernsehen und sogar bei Vorträgen oder Gesprächen, die „Augendeckel“ sehr schwer werden.

Wegen dieser Schläfrigkeit wurde schon manch interessante Fernsehdokumentation für mich zum Hörspiel. Mit geschlossenen Augen nimmt man bekanntlich wenige Bilder auf und nur der gesprochene Text schafft es teilweise, mein Interesse an dem Thema zu befriedigen. Der Ausspruch *„Hören tu ich eh alles“* ist in meiner Altersgruppe eine beliebte Rechtfertigung, wenn die schweren Augendeckel beim Fernsehen in Ruhestellung verharren.

Der Kampf der Augenlider gegen die Schwerkraft findet zum Teil sogar im Theater statt, wenn die Dramaturgie des Spiels wenig Spannung oder Heiterkeit auslöst. Bei Konzerten sind die geschlossenen Augen weniger lästig und man kann damit ein intensives Eindringen in die Tiefen und Höhen der Musik heucheln.

Diese Ausrede hat aber wenig Glaubhaftes an sich, wenn schnarrende Geräusche dem offenen Mund entkommen. Meine Gattin, die neben mir sitzt, verhindert dann immer mit zielgerichteten Ellbogenstößen in den seitlichen Brustkorbbereich meine (unerwünschte) Mitwirkung bei Konzerten. Obwohl die Musiker auf der Bühne oft so einen Radau machen, ist meine Frau trotzdem der Meinung, dass meine sonoren und rhythmischen Laute peinlich und störend wären und bestenfalls zu atonalen Musikwerken passen würden. An meinen blauen Flecken und der Rippenprellung leugnet sie am nächsten Tag jede Mitschuld.

Lebensgefährlich kann jedoch ein Sekundenschlaf werden, wie wir es einmal „erlebt“ haben. Bei einer Autofahrt entlang einer kurvigen Überlandstrecke hatte ich aufkommende Anzeichen einer Schläfrigkeit nicht beachtet. Eine Sekunde Schlaf hätte damals fast für die Ewigkeit gereicht, weil das Auto schon in die Mitte der Gegenfahrbahn abgedriftet war.

Ein Warnruf meiner Frau ließ mich hochschrecken und ich konnte das Auto rechtzeitig zurücklenken, bevor ein entgegenkommender Schwer-LKW eine Sekunde später laut hupend an uns vorbeidonnerte. Das war ein Riesenschreck und zugleich eine Warnung! Da bekommt das Wort „erlebt“ eine dramatische Bedeutung. Obwohl ich danach putzmunter war, lenkte an diesem Tag nur mehr meine Frau das Auto. Zu sehr steckte mir der Schreck in den Gliedern.

Eine Splittung der Dosis meines Agonisten-Medikaments von 16 mg am Morgen auf je eine Tablette mit 8 mg morgens und abends hat dann dazu beigetragen, dass die Tagesmüdigkeit nicht mehr so stark zu spüren ist.

Bei den Medikamenten der Dopaminagonisten muss auch die Gefahr einer gestörten Impulskontrolle beachtet werden. Die Substanzen können leicht zu einem Suchtverhalten (Kaufsucht, Spielsucht, Sexsucht) führen. Bei mir ist es eher eine Arbeitssucht. Aber das Verhalten eines Workaholics ist mir lieber als depressiv und antriebslos auf der Couch herumzulümmeln wie ein nasses Wettex.

Die Dopaminagonisten können auch Wahnvorstellungen auslösen. Dieses Verhalten lässt Angehörige verzweifeln und der Betroffene wird von fremden Menschen schnell als Spinner abgestempelt.

MAO-B-Hemmer:

Mit diesen Arzneistoffen wird Dopamin vom Körper langsamer abgebaut und somit die L-Dopa-Wirkung verlängert. Die Wirkstoffe Selegilin und Rasagilin werden von mehreren Herstellern angeboten. Diese Substanzen werden auch als Antidepressiva eingesetzt. Zum Teil beginnt eine Parkinson-Therapie nur mit MAO-B-Hemmern, wenn die Symptome der Krankheit noch schwach ausgeprägt sind.

Der Einsatz von MAO-B-Hemmern ist nicht unumstritten, weil irreversible Schäden auftreten können. Das testweise und abgestimmte Weglassen dieses Medikaments hat in meinem Fall zu keiner Verschlechterung der Symptome geführt. Dieses medizinische Produkt steht seither nicht mehr auf meinem Verordnungsplan.

Alle Medikamentengruppen werden auch in Kombination mit Levodopa angewandt. Damit kann das L-Dopa-Medikament sparsam verabreicht werden.

Neben den oben erwähnten Medikamentengruppen gibt es noch spezielle Parkinson-Medikamente, die bei komplizierten Fällen oder im fortgeschrittenen Stadium eingesetzt werden. Doch auf diese kann hier nicht eingegangen werden. Zu sehr sind diese Arzneien vom Krankheitsverlauf der Patienten abhängig. Lassen Sie sich die verordneten Medikamente vom Arzt gut erklären.

Ich hoffe, bei der komplizierten Betrachtung der medikamentösen Therapie haben alle bis zu diesem Punkt durchgehalten. Die Unterschiede und Wirkung der Parkinson-Medikamente sind nach meinen bisherigen Erfahrungen vielfach nicht bekannt. Ich bin aber der Meinung, dass jeder, der ein Medikament zu sich nimmt, auch über Wirkung und Nebenwirkung Bescheid wissen sollte. Dann kann man die Befindlichkeit besser den eingenommenen Arzneimitteln zuordnen und dies dem Arzt rückmelden.

Somit sollte nun klar sein, dass nicht nur die Regierungsgeschäfte eines Bundeskanzlers kompliziert sind, sondern dass auch die medikamentöse Therapie sehr komplex ist.

Parkinson – ich finde Strategien gegen deine Methoden.

ACHTUNG: Lachen gefährdet deine Krankheit

„Welche beruflichen Ziele haben Sie?"

„Feierabend."

„Und mittelfristig?"

„Wochenende."

„Ich meine auf längere Sicht!"

„Ja, dann Urlaub."

Kapitel 4
„An apple a day …“

„Die Krankheit zu kennen,
ist ein Schritt zur Gesundheit.“

Erasmus von Rotterdam
holländischer Theologe

Die englische Redensart *„An apple a day keeps the doctor away“* bedeutet frei übersetzt *„Wenn man täglich einen Apfel isst, braucht man keinen Arzt.“*

Diesen Ausspruch bestätigen sogar wissenschaftliche Studien. Äpfel enthalten Vitamine, Mineralstoffe und Spurenelemente und stärken das Immunsystem des Körpers. Der regelmäßige Verzehr von Äpfeln verringert auch die Gefahr von Herz- und Kreislaufbeschwerden. Äpfel können Krebs verhindern und das Entstehen von chronischen Krankheiten reduzieren. Ein Apfel ist appetitanregend, entzündungshemmend und wirkt sich positiv auf die Werte der Harnsäure und des Blutfetts aus. Dabei hat er wenig Kalorien und regt mit seinen Ballaststoffen die Verdauung an. Viele der Inhaltsstoffe sind in der Schale enthalten.

Der Apfel steht für einen gesunden Lebensstil und ist eine gute Jause für zwischendurch.

Generell ist eine mediterrane Ernährung sehr zu empfehlen. Die Ernährungsweise in den Mittelmeerländern basiert auf viel Obst, Gemüse, Hülsenfrüchten, Vollkorn-Getreideprodukten und Olivenöl, regelmäßigem Fisch-Konsum und einem gemäßigten Verzehr von Fleisch und Alkohol.

Langjährige Untersuchungen zeigen, dass Flavonoide[10] das Voranschreiten von Parkinson verlangsamen und das Sterberisiko reduzieren. Besonders viele Flavonoide sind in folgenden Lebensmitteln und Getränken enthalten:

- Im Obst, in Äpfel, Birnen, Trauben, Kirschen, Beeren.
- Im grünen Gemüse wie Brokkoli und Grünkohl und in rotem Gemüse wie Zwiebeln, Auberginen, Tomaten und andere.
- Im schwarzen und grünen Tee. Auch im Rotwein.
- In dunkler Schokolade.

Den höchsten Gehalt an Flavonoiden haben grundsätzlich die farbintensivsten Pflanzen. Die Flavonoide finden sich hauptsächlich in den Randschichten der Pflanzen oder Früchte.

So wertvoll eine gesunde Ernährung auch ist, Krankheiten können trotzdem den Einsatz von Medikamenten notwendig machen. Bei Morbus Parkinson kann die mangelnde Dopaminproduktion nur mit Arzneistoffen ausgeglichen werden.

„Wo viel Licht ist, ist starker Schatten.“ Dieser Satz aus Goethes Schauspiel „Götz von Berlichingen“ lässt sich im übertragenen Sinn auch auf den Einsatz von Medikamenten anwenden. Die enthaltenen Substanzen können nicht nur heilen, sondern auch unliebsame Nebenwirkungen auslösen oder zu Wechselwirkungen führen. Ein Umstand, der ein bedrohliches Gefühl entstehen lässt, wenn man die Warnhinweise auf den Beipackzetteln liest. Da kann es in äußerst seltenen Fällen vorkommen, dass die Nebenwirkungen schlimmer sind als die zu heilenden Beschwerden.

---

[10] Flavonoide sind Pflanzenstoffe mit besonderen Eigenschaften. Sie sind für die rote, blaue, violette und hellgelbe Färbung vieler Gemüse- und Obstarten verantwortlich.

Somit sind viele Menschen mehr oder minder misstrauisch gegenüber der Schulmedizin mit dem oft massiven Einsatz von pharmazeutischen Produkten. Sie schwören auf andere Formen der Heilung. Angefangen von homöopathischen Mitteln über Heilfasten, Diäten bis zu den Naturprodukten.

Mit überlieferten Hausmitteln und mit dem Wissen um die Heilkunst der Kräuter aus Garten und Wiesen versuchen viele Menschen, ohne Arzt und Medikamente ihre Unpässlichkeit selbst zu kurieren.

Die alten Behandlungsmethoden haben in der Bevölkerung noch immer einen großen Stellenwert. Dazu zählen unter anderem auch die vielen Rezepte der **Äbtissin Hildegard von Bingen**. Sie werden gerne weitergegeben oder in neu aufgelegten Büchern angeboten. Auch die Behandlungsmethoden des **Pfarrers Sebastian Kneipp** sind heute wieder modern geworden. Seine Wasseranwendungen finden in vielen Kuranstalten einen großen Zuspruch und werden von lokalen Kneipp-Aktiv-Clubs vermittelt. Die fünf Säulen der Kneipp-Philosophie, *„Wasser, Pflanzen, Bewegung, Ernährung und Balance"*, haben einen ganzheitlichen Ansatz für ein gesundes Leben und stärken die Immunkraft.

Immer mehr Ärzte bieten Behandlungen aus dem Bereich der Alternativmedizin und Komplementärmedizin an. Die gesamtheitliche Betrachtung zur Diagnose und Behandlung liefert viele einleuchtende Argumente und kann dabei auch erfolgreich die Ursachen von Leiden aufzeigen. Nicht zu vergessen ist die Akupunktur und die „Traditionelle Chinesische Medizin" (TCM). Dazwischen gibt es alle möglichen Behandlungsformen, wie der Einsatz von Blutegeln oder Entgiftungen bis hin zur Aktivierung der Selbstheilungskräfte durch Meditation.

Alternative Produkte oder Behandlungen abseits der Schulmedizin können zu einer Besserung des Gesundheitszustandes führen. Doch selten gibt es Garantien und glaubwürdige Anwendungsstudien dafür. Auf jeden Fall ist der finanzielle Aufwand für den Patienten ungleich höher als die krankenkassenfinanzierten Behandlungen mit dem Einsatz der schulmedizinischen Arzneimittel.

Mit dieser unvollständigen und laienhaften Betrachtung der heilbringenden Möglichkeiten komme ich wieder auf das Buchthema Parkinson zurück.

Mit den gut wirksamen, aber synthetisch erzeugten L-Dopa-Medikamenten sind leider oft Nebenwirkungen verbunden. Viele Patienten suchen jedoch ihr Heil und eine bessere Verträglichkeit bei natürlichen Wirkstoffen. Eine indische Bohnenart, „Mucuna pruriens" (Juckbohne), enthält zwar die Substanz, doch um eine L-Dopa-Tablette mit 100 mg zu ersetzen, müsste man mehrmals am Tag einige dieser Bohnenschoten (Fisolen) verzehren, um die nötige L-Dopa-Dosis zu sich zu nehmen.

Es gibt auch Anbieter eines „Wundermittels" mit dieser natürlichen L-Dopa-Substanz. Da werden eine viel bessere Wirkung und Verträglichkeit versprochen, ohne jedoch die Aussage mit repräsentativen wissenschaftlichen Studien glaubhaft bestätigen zu können. Die angebotenen Pulver und Kapseln mit der Bohnensubstanz haben keine medizinische Zulassung und werden als Nahrungsergänzung über Internetfirmen teuer verkauft. Von einem Produkt weiß ich, dass ein normaler monatlicher Bedarf mehr als 200 Euro kosten würde. In einigen Ländern sind diese Erzeugnisse verboten, weil eine Verunreinigung nicht auszuschließen ist.

Parkinson – ich gebe nicht auf.

ACHTUNG: Lachen gefährdet deine Krankheit

Der junge Arzt hat die Ordination seines Vaters übernommen und berichtet ihm freudestrahlend:

„Vater, du hast den reichen Huber-Bauern über viele Jahre erfolglos behandelt. Ich habe ihm ein anderes Mittel verschrieben und er ist wieder gesund!"

Der alte Landarzt schüttelt verärgert den Kopf und sagt:
„Bub, du bist ein Depp!
Was glaubst du, wer dir dein Studium finanziert hat?"

Kapitel 5
„Für eine Handvoll Pillen"

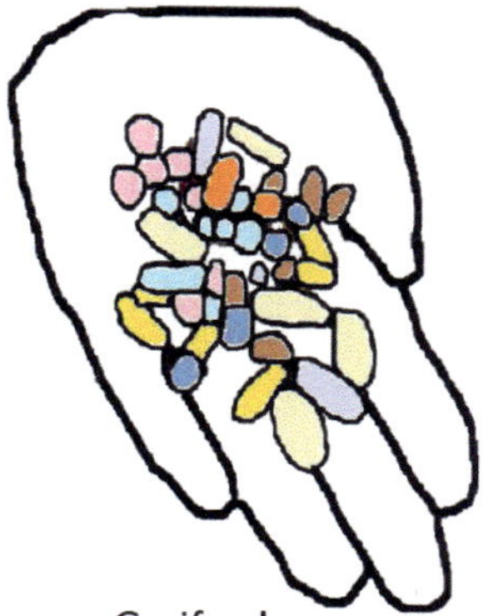

Greif zu!

„Die bittersten Pillen sind die besten für die Gesundheit."

Don Bosco
italienischer Priester und Sozialpädagoge

Der Titel eines klassischen Wildwestfilms, *„Für eine Handvoll Dollar"* aus dem Jahr 1964, drängt sich für die Themenbeschreibung dieses Kapitels auf.

Im Seniorenalter gilt oftmals die Regel, dass die Anzahl der einzunehmenden Medikamente von Jahr zu Jahr oder von Arztbesuch zu Arztbesuch ansteigend ist. Gesegnet sind die Menschen, die bis ins hohe Alter kaum einen Arzt oder medizinische Produkte benötigen. Doch mit der Diagnose Parkinson steigt die Summe der Arzneimittel sprunghaft an und so mancher Parki bekommt täglich rund zwei Dutzend Tabletten serviert. Da drängt sich der Kapiteltitel zur Themenbeschreibung geradewegs auf.

Allein zur Dopamin-Versorgung sind täglich mehrere Stück einzunehmen. Mit Fortschreiten der Erkrankung steigert sich die Anzahl der verschiedenen Dopamin-Ersatzmittel.

Bei so einer Hand voll Pillen für den individuellen Tagesbedarf können die üblichen Tablettenboxen mit vier Unterteilungen für „Morgen | Mittag | Abend | Nacht", wie sie in den Spitälern verwendet werden, keine detaillierte Aufteilung bieten. Sogar die großen Dispenser mit sieben Unterteilungen sind da bald überfordert, für jeden Einnahmezeitpunkt einen eigenen Platz bereitzuhalten. Da ist es kein Wunder, wenn auch betagte Personen mit der Pillenfülle überfordert sind.

Am einfachen Beispiel meiner Tablettenparade, wie sie mir über eine gewisse Zeit verordnet wurde, lässt sich erahnen, was es bedeutet, auf viele Heilsbringer angewiesen zu sein. Die einzelnen Arzneiprodukte sind dabei bewusst nicht mit Bezeichnung und Wirkung hinterlegt, denn zu spezifisch wird der medikamentöse Therapieplan für jeden Parkinsoner aussehen.

1. Der medikamentöse Alltag begann um 06:30 Uhr mit einer halben Tablette in der Farbe altrosa.
2. 50 Minuten später wartete zum Frühstück ein größeres ovales Stück in ähnlicher Farbe und eine optisch interessante orange/grüne Kapsel darauf, geschluckt zu werden.
3. Pünktlich um 10:30 Uhr war wieder Numero eins zu schlucken. Zugleich war aber zu beachten, dass der Magen und ich selbst eine Stunde nüchtern war und blieb.
4. Etwa um 13:30 Uhr zwischen Mittagessen und der Nachmittagsstärkung mit Tee und Kuchen sollten eine zitronengelbe Tablette und eine reinweiße Kapsel ein Manko beseitigen und das Wohlbefinden steigern.
5. Zum dritten Mal war pünktlich zum Gongschlag um 14:30 Uhr wieder die halbe altrosa-färbige Pille mit der nötigen Speisenabstinenz an der Reihe.
6. Den Abend läutete die große ovale Tablette (Nr. 2) ein. Schön langsam wird man süchtig davon und kann ein diesbezügliches Verhalten an den Tag legen.
7. Die Nachspeise des täglichen Medikamentenmenüs war um 21:00 Uhr eine kleine braunrote Pille.

Dieses Beispiel ist ein Schnappschuss vom siebten Jahr mit der Schüttellähmung[11] – und die Liste wird länger werden. Da kann man nur singen: „*Do hob i scho gnua. Ja, do hob i scho gnua*“[12], so wie es der „Titus Feuerfuchs“ in seinem Couplet in der Posse „Der Talisman“ von Johann Nestroy trefflich ausdrückt.

An diesem Beispiel ist zu erkennen, dass mit der Vielzahl an Tabletten, die zum Teil nach einem genauen Stundenplan einzunehmen sind, der Tagesablauf fremdbestimmt ist. Das fordert viel Eigendisziplin oder es überfordert den Patienten.

Jeder ungeplante Eingriff in den routinemäßigen Tagesablauf wie Erledigungen, Besuche, Veranstaltungen oder Reisen kann dazu führen, dass auf die Einnahme eines Medikaments vergessen wird. Da können Erinnerungstöne eines Handys oder die Ermahnungen des fürsorglichen Partners helfen. Jedoch unter der Voraussetzung, dass man auf das akustische Signal auch vollumfänglich reagiert. Das heißt, der Vorgang ist erst dann abgeschlossen, wenn die geforderte Tablette geschluckt und nicht nur das lästige Piepsen abgeschaltet wurde.

Es ist sehr zu raten, dass Parkinson-Betroffene immer eine Tagesration der wichtigen Medikamente und ein kleines Fläschchen Wasser mit sich führen. Dann ist man gerüstet für Vorhaben, die länger dauern als geplant oder wenn eine Pille auf den Boden fällt und nicht mehr gefunden wird. Auch eine Notration mit ein bis zwei L-Dopa-Tabletten, klein und stabil verpackt in der Geldtasche oder in der Schlüsseltasche überall mitgeführt, hat schon vor der einen oder anderen Vergesslichkeit gerettet.

Bei so vielen Pillen wird mancher Patient schon angefressen sein, bevor er noch einen Bissen gegessen hat und stellt sich die Frage, ob diese bunten Tabletten das Tagesgericht bei einer Fastenkur sind.

Das nun folgende Parkinson-Menü ist fiktiv und sollte heiter betrachtet werden, auch wenn darin ein Kern Wahrheit steckt.

---

[11] Morbus Parkinson wurde früher als „**Schüttellähmung**“ bezeichnet.

[12] „Ja, da habe ich schon genug!“

Parkinson-Galamenü

Aperitifempfehlung

Stuhlbeschleuniger nach Art des Hauses
Rechtsdrehendes Wasser verquirlt mit Verdauungspulver

Gruß des Hauses

Häppchen vom Magenschoner
mit einem Gläschen Hausbrunnenwasser serviert

Entrée

Ecken vom Vollkornbrot mit Aufstrichen vom Leinsamen
und Weizenkleie in Joghurt von der freilaufenden Weidekuh

Suppe

Klares und eiweißfreies Kräutersüppchen
angereichert mit Vitaminen C, D, B12 und Folsäure

Verdauungspause

In der einstündigen Pause servieren wir einen Wildkräutertee
von selbstgesammelten Bergkräutern nach Omas Rezept

Vorspeise

Rosa Stücke von L-Dopa nach Wahl
Am Tisch aus der Verpackung gebrochen und auf Wunsch filetiert

Salat vom Buffet

Dopaminreiche Mucuna-Bohnen aus regionalem Anbau
und frische vitaminreiche Salate der Saison

Hauptgang

Filets vom Zitteraal an einer Melange von Dopamin-Agonisten
garniert mit MAO- und COMT-Hemmern und
einem Carpaccio saisonaler Zusatzmedikamente

Dessert

Nach einer halbstündigen Pause werden schokogefüllte Dragées
das Menü mit einem Glücksgefühl abrunden

Buffet

Liebevoll arrangierte Retardprodukte beschließen das Menü

Getränkeempfehlung

Der Sommelier empfiehlt reichlich kristallklares Wasser,
verdünnte Fruchtsäfte und abführende Kräutertees

Schön garniert könnte der bunte Pillenmix auch in einem exklusiven Dreihauben-Restaurant serviert werden. Die winzigen Häppchen der Spitzengastronomie findet man auf den übergroßen Tellern erst, wenn man ein Basilikum-Blatt entfernt. Bei den mit Hauben gekrönten Lokalen gilt oft folgende Regel: *„Je mehr Hauben, desto kleiner die Portionen."* Im Trend der Molekularküche werden auch winzige Zutaten mit Pinzetten künstlerisch garniert und mit Pipetten werden einige Tropfen irgendeiner pikanten Soße überträufelt und geschmacklich pervertiert. Da trifft eine Lebensweisheit zu: *„Das Auge isst beim Essen mit!"*

Parkinson – du kannst mir den Appetit nicht verderben.

ACHTUNG: Lachen gefährdet deine Krankheit

„Schatz, was gibt es zu essen?"

„Nichts!"

„Das gab es schon gestern!"

„Ich habe auch für zwei Tage gekocht!"

Kapitel 6
„Viele, viele bunte Zuckerl“

Hast du die Pille mit?
Hast du genug blaue Tabletten mit?

„Viel besser als ein guter Wille
wirkt manchmal eine gute Pille.“

Wilhelm Busch
Zeichner, Maler und Schriftsteller

Was beim Umgang mit Medikamenten zu beachten ist, findet in diesem Kapitel eine Fortsetzung, nur diesmal aus einem anderen Blickwinkel betrachtet.

Arzneimittel oder Substanzen werden dem Körper unterschiedlich verabreicht. In Form von Tabletten, Pulver, Tropfen, Zäpfchen, Spritzen, Pflaster, Salben und als Infusionslösungen.

In diesem Kapitel geht es um die Tabletten, Pillen, Dragees und Kapseln. Sie müssen entweder verschluckt, gelutscht, gekaut oder als Brausetablette in Wasser gelöst getrunken werden. Es gibt sie in unterschiedlicher Form, Farbe und Größe.

Die äußerlichen Unterschiede sind dabei eine wichtige Orientierung bei der Handvoll Tabletten, die stündlich, täglich oder wöchentlich einzunehmen sind. Dabei muss das richtige Stück entnommen werden, die einzunehmen der laute Handy-Wecker auffordert.

Vermutlich kennen viele den Originaltext der Kapitelüberschrift. Es ist ein melodiöser Werbespruch für kleine, runde und bunte Dragees[13], die für Kinder eine magische Anziehungskraft haben und später den Zahnärzten das Wartezimmer füllen. Eine zuckerhältige, bunt gefärbte Glasur ummantelt eine Schokofüllung und so werden diese Zuckerl gerne zur Verzierung der Kindergeburtstagstorten verwendet. Für Kleinkinder sind sie jedoch sehr verlockend und die ersten Erfahrungen wie „rund und bunt = süß und gut" animieren die kleinen Kinder, alles was ähnlich aussieht, gleich in den Mund zu stecken. Kleinkinder erforschen die Welt sowieso auch oral.

Wenn dann die kleinen Enkelkinder bei (Ur-)Oma und Opa zu Besuch sind, werden sie gerne von den (Ur-)Großeltern verwöhnt. Süßigkeiten werden außerdem noch mit der wohlwollenden Aufforderung *„Nimm zwei"* angeboten. Somit machen die Kleinkinder die nächste Erfahrung:

„Bei Oma/Opa gibt es mehr Süßigkeiten, als es die strenge Mama zu Hause erlaubt. Oma/Opa haben am Küchentisch eine ganze Schüssel dieser kleinen und bunten Zuckerl für mich bereitgestellt. Da heißt es nur zu warten, bis mich niemand beobachtet und dann greife ich mit der ganzen Hand zu und die leckeren Verlockungen gehören mir – das wird schmecken!"

Die vermeintlichen Zuckerl sind jedoch die Medikamente der Großeltern. Zu leicht wird vergessen, die Tabletten für die Kinder unerreichbar wegzuräumen. Sie liegen tagein und tagaus gut sichtbar parat, damit der nächste Einnahmetermin nicht übersehen wird. Außerdem werden die Wochen- oder Tagesrationen in einer leicht zu öffnenden Box verwahrt. Bei der nachlassenden Feinmotorik der älteren Generation würden Sicherheitsverschlüsse nicht nur die Kinder vom Verzehr der Medikamente abhalten, sondern auch Oma oder Opa verzweifeln lassen, die Box zu öffnen. Die Gefahr, dass Kinder an die Tabletten herankommen und die bunten Zuckerl lutschen wollen, ist groß.

---

[13] Ein **Dragée**, auch Dragee, aus dem Französischen, von lateinisch und griechisch „tragemata", „Nachtisch", ist eine mit einem Überzug versehene linsenförmige Tablette oder Süßigkeit.

Man stelle sich folgendes Szenarium vor: Mama oder Papa besucht mit den (Ur-)Enkelkindern wöchentlich die (Ur-)Großeltern. Unter anderem auch, um die Wochenration der Medikamente vorzubereiten. Das können für die sieben Tage locker 100 bis 200 Tabletten sein, die da am Tisch bereitliegen.

Dann läutet das Handy und man reagiert automatisch auf das Klingeln. Man steht während des Gesprächs auf oder dreht sich einmal weg und verliert dabei die Kleinkinder kurz aus den Augen. Diese raffinierten Racker[14] nützen den günstigen Moment und schnappen sich blitzartig gleich eine Handvoll dieser Süßigkeiten, die Oma und Opa wohl ständig essen, aber den Kindern verwehrt werden. Eine kleine Faust voll Zuckerl findet so schnell den Weg in den Mund und in den unschuldigen Kinderaugen blitzt siegesvoller Triumph auf.

Parkinson – die Pillen sind Munition im Kampf gegen dich.

ACHTUNG: Lachen gefährdet deine Krankheit

Meine Schwester ist sehr krank.
Sie nimmt jeden Tag eine Pille.
Aber sie tut das heimlich,
damit sich meine Eltern keine Sorgen machen.

Kindermund aus einem Aufsatz

---

14 **„Racker“** ist eine liebevolle Bezeichnung für kleine Kinder, die gerne Unfug anstellen.

Kapitel 7
„Don't Worry, Be Happy"

„Wer im Leben selbst kein Ziel hat,
kann wenigstens das Vorankommen der anderen stören."

Benjamin Franklin
Schriftsteller & Gründer der Vereinigten Staaten

Der Titel des Songs von Bobby McFerrin aus dem Jahr 1988 wird von vielen Firmen bei der Störungshotline eingespielt, um die Wartezeit am Telefon zu überbrücken.

In den Wochen nach einer Live-Radiosendung für mein Buch „Mit 66 Jahren – PARKINSON!" wäre dieser Song auch für mein Handy passend gewesen. Täglich riefen mich aus der gesamten Steiermark Menschen mit ihren vielen Fragen rund um Parkinson an. Es begann gleich fünf Minuten nach der Sendung. Die Gespräche dauerten oft eine geraume Zeit und in den ersten Tagen hatte während eines Gesprächs zwischenzeitlich bereits wieder jemand versucht, mit mir zu sprechen.

Als ein Freund nach zwei vergeblichen Versuchen, mich telefonisch zu erreichen, endlich eine freie Leitung bekam, da meldete sich der Scherzbold in mir mit dieser Ansage:

„Telefonhotline für Fragen zu Morbus Parkinson.
Sie sprechen mit Dr. h.c.[15] Walter Irgendwer!
Wir nehmen uns für die Beratung Zeit.
Legen Sie nicht auf,
die nächste freie Leitung ist für Sie reserviert!"

[15] Dr. h.c. soll keine Titelanmaßung sein, sondern „humoris causa" bedeuten.

Diese scherzhafte Ansage hat ihn verwirrt und er stammelte nur: *„Entschuldigen Sie, ich muss mich verwählt haben."* Da konnte ich das Lachen nicht mehr verkneifen und gab mich zu erkennen.

Sonst versuchte ich die Fragen zu Parkinson, so gut es mir möglich ist zu beantworten, ohne auf konkrete Auskunft zu Fragen wie *„Habe ich mit dem Zittern Parkinson?"* oder *„Passen die Medikamente, die ich bekommen habe?"* einzugehen. Das kann nur der behandelnde Arzt beantworten.

Viele Anrufer suchten nicht nur Antworten. Einfach über ihre Krankheit zu reden und dass sich jemand die Zeit nahm, zuzuhören, war wertvoller als die Informationen und Ratschläge, die ich liefern konnte. Hinter einigen Anfragen steckten zum Teil berührende Lebensgeschichten. Auch die mangelnde medizinische Betreuung in den ländlichen Regionen oder die Einsamkeit durch ein zurückgezogenes Leben war der spürbare Grund, mit mir zu reden. Aber es gab trotz des ernsten Themas auch heitere Momente. Einige besondere Schmankerl blieben mir in Erinnerung.

Ein Paradebeispiel lieferte eine parkinsonbetroffene und recht resolute Dame am Telefon. Sie wollte mit mir über ihre Medikation diskutieren, weil sie die verordneten Tabletten ihrer Meinung nach nicht benötigte und infolgedessen auch nicht einnahm. Sie beklagte aber ihre Parkinson-Beschwerden und wollte von mir die Richtigkeit ihres Tuns bestätigt bekommen und was ich ihr raten könne.

In diesem Fall und um das schon 40 Minuten dauernde Gespräch beenden zu können, konnte ich nur eine leicht zynische Antwort liefern. *„Sie haben Ihre Entscheidung getroffen und die Medikamente nicht eingenommen. Sie haben darauf das bekommen, was Sie wollten. Nämlich Ihr Zittern und die anderen Parkinson-Beschwerden."*

Darauf war es einige Sekunden still in der Leitung. Dann hat die redegewandte Dame mit einem knappen Danke und Gruß aufgelegt und ich konnte die Sonne im Liegestuhl vor einer Hotelsauna wieder genießen. Meine neben mir liegende Frau hatte Gesprächsteile mitbekommen und schon während des Telefonats mit den Augen gerollt. Sie kommentierte meine Reaktion so: *„Ich hätte ihr das schon nach zehn Minuten unter die Nase gerieben."*

Eine andere Dame[16] gab sich mit einer allgemeinen Antwort nicht zufrieden und wollte von mir unbedingt per Ferndiagnose wissen, ob sie richtig eingestellt sei. Auf dieses Thema lasse ich mich nicht ein. Um ihr zumindest die Wirkungsweise ihrer Parkinson-Medikamente erklären zu können, wollte ich wissen, welche Tabletten sie verschrieben bekam. Doch sie konnte mir keine näheren Hinweise geben, welche Medikamente sie einzunehmen hatte. Sie beantwortete meine Frage kurz und bündig: *„Na, die roten halt!"* – das war alles, was sie von ihren Medikamenten wusste.

In einem anderen Telefongespräch wollte eine Anruferin unbedingt wissen, welche Medikamente ich nehme und hat dazu auch die Erklärung für ihre Frage mitgeliefert. Sie wollte die gleichen Tabletten verschrieben bekommen, denn diese müssten ganz besonders gut wirken, wenn es mir möglich sei, mit Parkinson eine Selbsthilfegruppe zu leiten und auch ein Buch zu schreiben. Mein lautes Lachen auf diese skurrile Absicht hörte sogar meine Frau in der Küche.

Es ist zwar normal, dass sich Parkis im Gespräch über ihre Krankheitssymptome unterhalten. Dabei werden auch Informationen über Art und Dosis der Medikamente ausgetauscht. Diskutiert werden ebenfalls die Erfahrungen über den Zeitplan und die Verträglichkeit der Medikamente. Doch mit der ärztlichen Verordnung eines anderen Patienten das eigene Befinden zu verbessern, war kurios.

Das erinnerte mich an eine heitere Begebenheit auf meiner Pilgerschaft am Jakobsweg im Jahr 2011. Damals spürte ich Parkinson noch nicht und ich war mental und körperlich in Höchstform. Zu dieser Zeit waren aber die Veränderungen des Gehirnbereichs sicher schon im Gange, denn einige Symptome begleiteten mich fünf Jahre vor der Diagnose, unerkannt schon viele Jahre vor dem Pilgerweg.

Erst Jahre später sind mir einige Anzeichen „spanisch" vorgekommen und der konsultierte Neurologe bestätigte meine Vermutung mit den Worten: *„Ja, Sie haben unzweifelhaft Parkinson, doch mir wäre es nicht gleich aufgefallen."*

---

[16] Hauptsächlich sind es Frauen, die anrufen und den Erstkontakt zu SHG-Treffen herstellen, auch wenn die Männer die Betroffenen sind.

Damals, am Jakobsweg, war ich noch mit großer Energie und mit viel Motivation unterwegs. Auf einer der letzten Etappen der 102 Gehtage, das Lebensziel schon vor Augen, lief ich in meinem raschen und ausgreifenden Schritt auf eine bayrische Pseudopilgergruppe auf, die mit dem Bus eine Pilgerfahrt unternahm. Sie gingen gemütlich in Kleingruppen jeden Tag auch ein paar Kilometer zu Fuß und unterhielten sich dabei lautstark.

Mein rasches Näherkommen nahmen sie nicht wahr und hörten auch meine Bitte nicht, mich am schmalen Hohlweg vorbeizulassen. Daraufhin stieg ich trotz des schweren Rucksacks am Rücken schwungvoll den wegbegrenzenden Erdwall hoch und konnte so die Pilgergruppe überholen. Mit dem Pilgergruß „*Buen Camino*" sprang ich lachend wieder auf den Weg hinunter und konnte mein Tempo unbehindert weitermarschieren.

Von hinten konnte ich gerade noch hören, wie eine Dame zu ihrer Begleiterin laut sprach: „*Das, was der heute zum Frühstück bekommen hat, will ich morgen auch haben, so wie der unterwegs ist.*" [17]

Parkinson – ich lasse mich von dir nicht quälen.

ACHTUNG: Lachen gefährdet deine Krankheit

Ein Beamter spricht zu seinen Bürokollegen:
„Ich habe jetzt schon tagelang nicht mehr geschlafen."

Seine Kollegen antworten mitfühlend:
„Bist du da nicht total fertig?"

„Ja, schon. Aber der nächtliche Schlaf muss reichen."

[17] Die Spanier essen morgens kaum etwas und mein Frühstück in einem Café bestand oft nur aus drei kleinen getoasteten Baguettescheiben mit einer Spur Butter und vielleicht noch einem Löffelchen Marmelade.

Kapitel 8
„Sie müssen nur den Nippel ..."

„Ob du denkst, du kannst es,
oder du kannst es nicht -
in beiden Fällen hast du recht!"

Henry Ford
amerikanischer Erfinder und Automobilpionier

Zu Beginn der 1980er-Jahre führte der deutsche Humorist, Schauspieler und Sänger Mike Krüger mit einem heiteren Lied die Hitparade an. Der Text des Liedes nimmt die komplizierten Öffnungsmechanismen bei Verpackungen auf die Schaufel und hat damit verpackungsgeplagten Konsumenten aus der Seele gesprochen. Der Refrain des Liedes ist sicher vielen bekannt:

„Sie müssen nur den Nippel durch die Lasche zieh'n
und mit der kleinen Kurbel ganz nach oben dreh'n
da erscheint sofort ein Pfeil
und da drücken Sie dann drauf
und schon geht die Tube auf!"

Der Liedtext passt perfekt zum Kapitelthema. Wie schafft man es, die Pille aus der Verpackung zu bekommen?

Das Öffnen von Verpackungen gerät im Zeitalter der Selbstbedienung zu einem Kampf gegen die Materie. Die oft winzig kleinen Produkte wie eine Knopfbatterie befinden sich in einer x-fach größeren Ummantelung. Die ist dann mit einer Hartplastikfolie nahtlos verschweißt und gesichert. Diesen tresorhaften Schutz zu öffnen, lässt jedes Mal meine Halsadern vor Zorn anschwellen. Eine Haushaltsschere scheitert da kläglich.

Da muss ein Profi ran, denn auch das in jedem Haushalt aufliegende Buch „Die Axt im Haus" hat dafür keine Lösung parat. Nur gut, dass ich nach der Schulzeit eine Schlosserlehre abgeschlossen habe. Somit kann ich auf rudimentäre Kenntnisse im Umgang mit schwerem Werkzeug zurückgreifen. Mein geschultes Auge erkennt sofort, dass ein stabiles Tapetenmesser oder noch besser eine Kreissäge ein passendes Tool wäre. Für den Notfall sollte auch ein großer Sanitätskoffer mit reichlich bestücktem Verbandsmaterial in Griffweite sein. Die Nummer 144 für die Rettung und für den Notarzt sollte sowieso bekannt sein.

Damit sind wir wieder beim Thema Parkinson und Medikamenten angekommen. Bei älteren Menschen lassen mit zunehmendem Alter oftmals die feinmotorischen Fähigkeiten nach. Damit wird das Öffnen dieser Verpackungen ein schwieriges Unterfangen. Doch für einen Parkinson-Patienten, der das Zittern seiner Hände nicht unter Kontrolle halten kann, wird der Vorgang noch viel schwerer fallen.

Perfide[18] wird es aber, wenn für Parkinson-Medikamente eine überaus stabile Blister-Verpackung verwendet wird. Ein kranker oder bewegungseingeschränkter Mensch hat damit größte Mühe, die nötigen Tabletten aus der Verpackung zu entnehmen. Auch in meiner Medikamentensammlung sind typische Beispiele zu finden. Bei einer winzigen Tablette, kaum größer als ein Stecknadelkopf, ist die Blister-Hülle[19] sehr steif. Das macht es sehr schwierig, die Ausbuchtung so einzudrücken, damit die Deckfolie platzt.

---

[18] „**Perfide**" bedeutet in übler Weise niederträchtig, heimtückisch.

[19] „**Blister**" (engl. Blase) ist eine Kunststofffolie mit Vertiefungen für Tabletten und mit einer Aluminiumfolie verschlossen.

Noch schlimmer ist jedoch die Verpackung eines typischen Parkinson-Medikaments. Ausgerechnet ein Arzneimittel, das die Beschwerden der Feinmotorik verbessern soll, wird in einer steifen Hartalufolie verpackt, die nur schwer zu öffnen ist. Man muss mit einigem Kraftaufwand drücken, bis die Alu-Deckfolie platzt. Diese Verpackungsart wird von der Erzeugerfirma auf deren Produktbeschreibung extra hervorgehoben:

> *„Hartalufolie als Trägermaterial für Tablettenverpackungen als so genannte Durchdrückpackungen weisen eine Steifigkeit auf, die in industriellem Maßstab kaum ein anderes Material bieten kann."*

Wo gibt es einen Maßstab für patientengerechte Verpackung und für eine einfache Handhabung? Eine Beschwerde bei der Pharmafirma wurde nicht einmal ignoriert.

Wenn man es endlich schafft, dass die Deckfolie platzt, dann beginnt der Tragödie nächster Akt. Es macht plötzlich „Knack" und die Tablette wird zu einem Geschoß. Sie trifft mit einem „Klack" auf den Küchentisch und oft genug sind danach noch ein paar schwächere Klack-Geräusche vom Fußboden zu hören.

Nun beginnt das bei Kindern beliebte Versteckspiel. Ich muss aber nicht „einschauen oder wegschauen", ich brauche in dem Fall auch nicht bis zu einer „Million" zählen und dann rufen *„Ich komme!"* Die sonst üblichen Kommentare beim Versteckspiel mit Kindern sind auch hier zu: *„Wo hat sich nur die Tablette versteckt? Ja, wo ist denn das kleine Ding?"* Die Entflohenen passen sich wie ein Chamäleon der Bodenfärbung an oder sie finden ein geheimes Versteck.

Zum Suchgebiet kann ich Tipps aus meiner Erfahrung beisteuern. Es besteht kaum die Gefahr, auf die geflüchtete Tablette zu treten, denn rund um den Standplatz wird der Flüchtling nicht zu finden sein. Mit Sicherheit hat sich das ausgebüxte Ding in der entferntesten Ecke oder an der unzugänglichsten Stelle des Raumes verkrochen.

Super ist das! Dort kommt man nur robbend hin. Nun kann ich zum Glück auf die Erfahrungen beim Bundesheer zurückgreifen. Bei der Grundausbildung ergaben die Schindereien noch keinen Sinn, doch um kriechend an die geflüchtete Tablette zu kommen, sind die Kenntnisse wertvoll.

Manche Pillen entdecken jedoch ein geheimes Versteck und können dort ausharren, bis sie die Chance erhalten, im Staubbeutel des Staubsaugers ihre Kolleginnen zu treffen. Wenn einmal die Küche abgebaut wird, findet man sicher genügend von meinen Tabletten, um die Apotheke des Hausarztes gut zu bestücken.

Egal, ob die Suche erfolgreich war oder ob man genervt das gute Ding den nächtlichen Silberfischchen überlässt, ist es an der Zeit, eine Überlegung anzustellen. Die Gelegenheit, wenn man schon am Boden herumkriecht, sollte genützt werden. Es warten gewiss andere fußbodennahe Arbeiten, deren Erledigung der Wohnungspartner seit Wochen einfordert.

Man kennt schließlich den orthopädischen Befund und ahnt, welche ramponierten Körperteile beim Aufrichten schmerzen werden. Also bietet es sich an, gleich auch noch andere „niedrige" Tätigkeiten zu erledigen. Das Vorausdenken erspart weitere Kniebeugen und zusätzliche Cuts am Hinterkopf, weil die Tischunterseite so kantig ist.

Seien wir aber ehrlich, diese ein- und ausbruchsicheren Verpackungen haben doch auch therapeutische Vorteile. Schließlich wird damit die Handkraft gestärkt, die Feinmotorik verbessert, die Aufmerksamkeit erhöht, die Beweglichkeit gefördert und der Muskelabbau verhindert. Es ist alles nur eine Frage der Betrachtungsweise und der Motivation. Wer dann noch Lust hat, kann auch gleich Yoga-Übungen am Küchenboden durchführen.

Irgendwann möchte man doch wieder aus der Hundeperspektive hochkommen - nur wie? Da der Küchenbereich für eine therapeutische Kletterpartie ungeeignet ist und auch ein Autokran in der Wohnung keine Option ist, braucht man zum Aufrichten eine Hilfe. Da kann ich zum Beispiel auf meine Frau zählen.

So hilflos am Küchenboden liegend, bin ich ein lästiger Störfaktor für die Abläufe in ihrem Reich. Dadurch geraten die Vorbereitungen fürs Mittagessen ins Stocken und die Suppe steht dann nicht auf dem Tisch, wenn die Kirchenglocken die Mittagsstunde verkünden. Das Glockengeläut leitete in früheren Zeiten bei den Feldarbeiten die Mittagspause ein – es hieß dann: *„Zwölfe läuten – Huat auf'd Seiten"*.

Es liegt also in ihrem Interesse, dass der Küchenbereich wieder frei wird, damit die dampfende Suppe um zwölf Uhr pünktlich auf den Tisch kommt.

Mit körperlichen Verrenkungen und mit lautem Stöhnen brauche ich eine Zeit, um wieder hochzukommen. Meine Frau unterstützt das Bestreben mit Handgreiflichkeiten und aufmunternden Kommentaren. Die ungeduldigen Worte *„Na, komm schon endlich hoch"* zeigen dann Wirkung und ich erlange wieder eine halbwegs aufrechte Haltung.

Bei den abgegebenen Geräuschen melden sich aus dem Langzeitgedächtnis noch gewisse Déjà-vu-Erlebnisse, doch im Kurzzeitgedächtnis findet sich keine Eintragung, warum ich überhaupt am Fußboden herumgekrochen bin. Eine Erklärung werde ich im Kapitel 22 liefern.

Das alles nur deshalb, weil die Medikamentenpackungen keinen Nippel und keine Lasche haben, die das Öffnen der Verpackung ermöglichen.

Parkinson – du siehst, ich gebe nicht auf.

ACHTUNG: Lachen gefährdet deine Krankheit

Zwei Blondinen unterhalten sich:

„Gestern war bei uns ein Stromausfall
und ich musste eine Stunde vor dem Lift stehen."

Sagt die Zweite:

„Das ist noch gar nichts, ich musste zwei Stunden warten,
bis die Rolltreppe weiterfuhr."

Kapitel 9
„Wer A sagt ...“

„Wer die Nebenwirkungen nicht lesen will,
der bekommt sie von der Leber präsentiert.“

Walter Ondrich
Autor und Parkinson-Betroffener

Wer „A“ wie „Arzneimittel“ sagt, dem bleibt dann auch „B“ wie „Beipackzettel“ nicht erspart.

Wenn im Radio oder im Werbeblock eines Fernsehsenders ein Heilmittel beworben wird, dann ist am Ende des Spots folgender Satz in stakkatoartiger Sprechweise zu hören:

> *„Zu Risiken und Nebenwirkungen lesen Sie die Packungsbeilage und fragen Sie Ihren Arzt oder Apotheker.“*

Dieser standardisierte und verpflichtende Satz beschließt jede Werbeeinschaltung für Arzneimittel, Nahrungsergänzungsprodukte oder Kosmetika. In den Werbespots werden marktschreierisch die einzigartigen Vorzüge eines Produktes oder die Heilwirkung des Mittels angepriesen.

Damit könnte Oma endlich ihre Gelenkschmerzen loswerden und mit den Enkelkindern auf der Wiese Ballspielen und lachend um die Wette laufen, statt eine Knie-OP in Betracht zu ziehen.

Der nächste Spot läuft dann zur besten Werbezeit über die oft wandgroßen Fernsehschirme. Da kann man per Videoanimation den gesamten Verdauungsprozess wunderbar mitverfolgen, weil ein Löffelchen eines Pulvers eine Verdauungsblockade behebt. Diese anschauliche Expedition ins Innerste des Körpers hat eine lehrreiche Wirkung und bereitet die Schulkinder auf den Bio-Test vor.

Im nächsten Werbeblock erfährt man erleichtert, dass ein Hustenbonbon und eine Wundersalbe den Kindern einen ruhigen Schlaf bringen können. Die hartnäckige Verkühlung würde dann keine sieben Tage andauern, sondern schon nach einer Woche zur Vergangenheit werden.

Die Aussicht auf einen tiefen Schlaf der Kinderlein erfreut die Eltern ungemein. Denn gleich im nächsten Spot wird dem männlichen Anteil der Bevölkerung ein Wundermittelchen offeriert, das Papa verlässlich auf die Sprünge helfen würde. Damit wird indirekt dem weiblichen Teil der Partnerschaft eine verheißungsvolle Abwechslung versprochen. Nur gut, dass die Apotheke gleich um die Ecke zu der Zeit gerade Nachtdienst hat. Der Magister der Salben und Pulverchen reicht augenzwinkernd dem ungeduldig wartenden Papa das Stärkungsmittel durch die Fensterluke. Der Apotheker freut sich seinerseits am gestiegenen Umsatz.

Nach der Produktwerbung folgt immer noch die Wörtersturzflut der Pflichtinformation über die Risiken des Produktes. Für diesen Satz wird dann um jede Hundertstelsekunde gerungen. Diese unglaubliche Schnellsprechtechnik könnte eine olympische Disziplin sein. Der Rekord, den ich gestoppt habe, liegt bei 3,5 Sekunden. In der Zeit hat ein typischer Parki gerade einmal den Mund geöffnet und bestenfalls noch „Zu Risiken …“ gesagt. Den Schnellsprechrekord hält derzeit das stärkende Mittel für Papa.

Auch als Opa fühlte ich mich von dem stärkenden Wundermittel angesprochen und wollte hoffnungsvoll diese revolutionäre Möglichkeit mit der Oma besprechen. Doch sie schlief im Sofa neben mir selig, denn bei ihr hat ein Werbespot für ein verlässliches Schlafmittel suggestiv die versprochene Wirkung mitgeliefert.

Hochgeschreckt aus dem tiefen Schlaf, meinte sie schlaftrunken: *„Was willst du schon wieder?"* Doch diese Frage konnte ich ihr nicht beantworten, denn ich hatte schon vergessen, was ich eigentlich wollte. Da war doch irgendwas …? Andernfalls hätte ein zusätzliches Komma in der Fragestellung dem Satz eine andere Bedeutung gegeben: *„Was, willst du schon wieder?"* Doch dazu ist es nicht gekommen, denn mit geschlossenen Augen haben wir das abendliche Fernsehprogramm aufmerksam mitverfolgt. Bestens ausgeschlafen war ich dann um vier Uhr früh wieder putzmunter für den Alltag, aber das ist eine andere Geschichte.

Zurück zum Kapitelthema, zum Beipackzettel, wie er umgangssprachlich bezeichnet wird.

Dieses x-fach und kompliziert gefaltete Begleitpapier kann im ausgebreiteten Zustand tischtuchgroß sein oder der Zettel ist in einer schmalen Ausführung fast so lang wie eine Tapetenbahn.

So ein Beipackzettel in einer Medikamentenpackung ist oft in mikroskopisch kleiner Schriftgröße vollgeschrieben und enthält viele wichtige Angaben rund um das medizinische Produkt. Da diese vorgeschriebene Information jeder Packung beigelegt sein muss, kann ein typischer Parkinson-Patient mit seinem jährlichen Medikamentenbedarf ohne Übertreibung die Wände seiner Wohnung originell tapezieren.

Der Umgang mit diesen beigepackten Zetteln ist lästig und bei nachlassender Feinmotorik sogar nervig. Aber kreative Geister können daraus einen Mehrfachnutzen erkennen. Das ausgebreitete Stück Papier kann als Trainingsobjekt für die Feinmotorik genutzt werden und fördert dann auch die geistige Fitness.

Das exakte Wiederzusammenfalten über die vorhandenen Knickstellen ist sehr herausfordernd. Der Versuch, dieses große Papierblatt wieder auf Packungsgröße zusammenzulegen, so wie es original gefaltet entnommen wurde, wird vielfach erfolglos bleiben. Spätestens dann liegt ein Fehler vor, wenn zuoberst der wiederhergestellten Papierfaltung etwas anderes aufscheint als die Medikamentenbezeichnung.

Diese komplizierte Falttechnik, bei der das große Blatt Papier nach vor, zurück und auch ineinander zu falten ist, hat vielleicht Anleihe an der „Japanischen Papierfaltkunst“ genommen. Diese fernöstliche Kunstfertigkeit wird „ORIGAMI“ genannt und damit kann man aus Papier wunderbare Figuren formen.

Parkinson – du kannst es schriftlich haben, ich kämpfe weiter.

ACHTUNG: Lachen gefährdet deine Krankheit

Die Verbreitung und Konsumation von Witzen
kann Nebenwirkungen zur Folge haben.
In Verbindung mit Humor erhöht sich das Lachrisiko.
Besonders gefährdet sind chronische Lachwurzen.
Die Gefahren, die Witze auslösen,
können lachhaft sein oder lächerlich wirken.

Gute Witze können …
… zum Lachen reizen,
… starke Lachkrämpfe auslösen,
… durch Lachreize ansteckend wirken,
… zu starkem Tränenfluss führen,
… rote Gesichtsflecken hinterlassen,
… durch heftiges Lachen Hustenanfälle fördern,
… Bauchmuskelschmerzen zur Folge haben,
… gefährliche Atemnot verursachen,
… eine Inkontinenz begünstigen,
… dazu führen, dass man sich schief und krumm lacht,
Sie können lebensbedrohlich sein,
denn wenn man sich totlacht, ist Schluss mit lustig.

Schlechte Witze können …
… eine Fadesse auslösen,
… gute Laune vertreiben,
… Gähnen verursachen,
… zu Schlafattacken führen.

Kapitel 10
„Schlucken oder pumpen?"

„Das Alter ist eine unheilbare Krankheit."

Seneca, römischer Philosoph

Die Kapitelüberschrift hat nichts mit einem sportlichen Training für den Muskelaufbau zu tun. Auch der Verzehr proteinhaltiger Wundermittel für ein Aussehen wie jenes von Arnold Schwarzenegger wird damit nicht betrachtet. Mit „pumpen" ist auch keine Bitte um finanzielle Hilfe im Falle einer vorübergehenden oder ständigen Geldnot gemeint.

In diesem Kapitel geht es um Pumpen, die als medizintechnische Geräte zur Unterstützung der Medikamentenverabreichung bei Morbus Parkinson eingesetzt werden.

Wie schon mehrfach erwähnt, hat die L-Dopa-Therapie in den ersten Jahren in der sogenannten Honeymoon-Phase eine gute Wirkung und die Krankheitssymptome können gut therapiert werden, sofern auch die Regeln dieser Medikamente eingehalten werden. Doch im späteren Krankheitsverlauf können Komplikationen auftreten. In diesen ON-OFF-Phasen wechseln sich gute und schlechte Beweglichkeit rasch ab. Der Patient kann starr oder überbeweglich werden.

Wenn L-Dopa alle zwei bis drei Stunden verabreicht werden muss, dann ist keine verlässliche Wirkung zu erwarten. In diesem Fall sollten zwei technische Therapiemöglichkeiten in Betracht gezogen werden, sie können wieder Lebensqualität sichern.

Zwei unterschiedliche Pumpensysteme gewährleisten eine verlässliche, effektive und gleichmäßige Medikamentenversorgung. Damit wird eine starke Verbesserung der Lebenssituation erreicht. Für die „Tiefe Hirnstimulation“ ist eine Gehirnoperation nötig. Eine Art „Hirnschrittmacher“ stimuliert über Elektroden die Gehirnzellen und damit wird die Beweglichkeit verbessert.

Pumpen sind technische Geräte, die aus unserem Leben nicht wegzudenken sind und den Alltag erleichtern. Sie funktionieren auf vielfältige Art und Weise. Pumpen werden für den Transport von Materie[20] eingesetzt. Aus dem Alltag können ein paar Anwendungen zeigen, wie vielfältig die Pumpentechnik ist.

Trinkwasser wird bis in die obersten Stockwerke der Hochhäuser gepumpt oder es werden überschwemmte Keller ausgepumpt. Pumpen können so großen Druck erzeugen, dass mit der Kraft des Wasserstrahls Bleche verformt und Stahlplatten geschnitten werden können.

Eine Luftpumpe presst Luft in den Fahrradreifen und andere Pumpen können ein Vakuum erzeugen. Ein Kühlschrankaggregat pumpt die Kühlflüssigkeit durch das Kühlgitter. Modernen Automotoren wird der Treibstoff mittels einer Einspritzpumpe zugeführt, womit eine sparsame und höhere Motorleistung erreicht wird.

Auch die Natur stattet jedes Lebewesen mit einer natürlichen und lebenswichtigen Pumpe aus. Das Herz ist eine Hochleistungspumpe und verrichtet beim Menschen jahrzehntelang die Arbeit und garantiert das Leben, obwohl es im Laufe der Jahre oftmals verschenkt oder gebrochen wird.

Die Leistung unseres Herzens ist phänomenal. Der Herzschlag, der als Puls gefühlt wird, pumpt normal rund fünf Liter Blut mit 60 bis 90 Impulsen in der Minute durch den Körper. Bei Belastung schlägt das Herz schneller und der Pulsschlag kann auf 200 und mehr steigern. Aber im Schlaf oder bei trainierten Sportlern und bei Entspannungsübungen sinkt der Ruhepuls entscheidend.

---

[20] **Materie** ist ein Stoff, der in makroskopischer Menge vorliegt. Die Materie kann drei Aggregatzustände haben: fest, flüssig und gasförmig.

Wenn man mit einer einfachen Daumen-mal-Pi-Rechnung pro Sekunde einen Herzschlag annimmt, dann pumpt das Herz bei einer durchschnittlichen Lebenserwartung von 85 Jahren mindestens 2,8 Milliarden Mal das Blut durch den Körper. Das ist eine unglaubliche Leistung.

Stress, ungesunde Ernährung oder hektische Lebensweise belastet die Pumpe, wie das Herz umgangssprachlich genannt wird. Ständige Überlastung und Überforderung kann das Organ funktionell außer Tritt setzen. Das kann dann zu Störungen oder gar zu einer totalen Arbeitsverweigerung führen. Da helfen dann oft nicht einmal mehr die verzweifelten „Wiederstartversuche" eines Defibrillators.

Viele Faktoren können den Herzschlag aber beschleunigen. Bei körperlicher Anstrengung oder bei unmittelbarer Nähe zu einer geliebten Person wird das Herz schneller pochen. Bei Angst, Erregung oder Vorfreude schlägt das Herz sprichwörtlich bis zum Hals und ein gehöriger Schreck lässt den Körper für einen Augenblick erstarren. Das wird dann mit dem Ausspruch *„Jetzt ist mir (fast) das Herz stehen geblieben"* kommentiert.

Nach diesen allgemeinen Betrachtungen über das Wirken von Pumpen geht es nun um einen medizintechnischen Einsatz. Mit dieser technischen Lösung werden die Parkinson-Wirkstoffe über eine Pumpe dem Organismus zugeführt. Damit können Patienten im fortgeschrittenen Stadium der Erkrankung gut therapiert werden. Die Medikamente können schneller und besser wirken, weil sie nicht im Magen aufgelöst werden müssen.

Zwei unterschiedliche Methoden stehen dafür zur Wahl.

Mit einer **Apomorphin-Pumpe** wird dem Körper das schnell wirkende Mittel Apomorphin[21] zugeführt. Dazu muss täglich an einer anderen Stelle (vornehmlich im Bauchbereich) eine dünne Hohlnadel subkutan[22] in die Unterhaut gesetzt werden. Die Nadel wird mit einem Klebeband fixiert und die angeschlossene Pumpe pumpt die nötige Substanz in den Körper.

---

21 **Apomorphin** gehört zur Gruppe der Dopaminagonisten.

22 „**Subkutan**" bezieht sich auf die Unterhaut, das Binde- und Fettgewebe.

Die Verträglichkeit und die Nebenwirkungen sind ähnlich wie jene von den anderen Dopaminagonisten in Tablettenform. Zusätzlich können bei den Einstichstellen kleine entzündliche Knötchen auftreten.

Bei der **Duodopa®-Pumpentechnologie** wird die L-Dopa-Substanz als Gel direkt in den Verdauungstrakt zugeführt. Dazu ist eine kleine Körperöffnung im Bauch nötig, damit eine dauerhafte Sonde über den Magen bis in den Dünndarm verlegt werden kann. So kann die gute Wirkung der L-Dopa-Therapie weitergeführt werden. Der Wirkstoff gelangt nicht über den Magen in den Darm, sondern er wird regelmäßig in kleiner Dosis von der Pumpe über die Sonde direkt in den Dünndarm zugeführt.

Mit der passenden Einstellung bleiben die unerwünschten Unter- und Überfunktionen weitgehend aus. Mit dieser Pumpentherapie muss auch kein zeitlicher Abstand für die Nahrungsaufnahme eingehalten werden und mögliche Verdauungsstörungen können die Wirkstoffzuführung nicht beeinträchtigen.

Bei einer Pumpenentscheidung stellen sich viele Fragen und Bedenken. Die Vorbehalte und Ängste sollten in ausführlichen Gesprächen mit ärztlichen Experten und im Beisein einer Vertrauensperson besprochen werden. Hilfreich für die Entscheidung kann da der Erfahrungsaustausch mit Menschen sein, die mit dieser Technologie leben.

Von unserer SHG (Selbsthilfegruppe) standen schon drei Mitglieder vor dieser Entscheidung und wurden vom ärztlichen Leiter der Parkinson-Abteilung der Reha-Klinik ausführlich beraten. Beide haben die Duodopa-Lösung gewählt – wobei eine ältere Dame die Chance für eine Verbesserung ihres Zustands mit einer hoffnungsvollen Einstellung gelassen annahm: *„Es kann nur besser werden."*

Nachträglich betrachtet und nach einer kurzen und gut betreuten Eingewöhnungsphase waren alle drei überzeugt, den richtigen Weg eingeschlagen zu haben. Der körperliche Zustand hat sich sehr verbessert und das ist auch für Außenstehende ersichtlich. Trotz der technischen Einschränkungen durch die Pumpe wurden die frühere Agilität und die Lebensfreude wiedergewonnen – siehe Kapitel 27.

Eine weitere Therapiemöglichkeit für Patienten mit langem Parkinsonverlauf ist die „**Tiefe Hirnstimulation**". Für diese Therapie wird ein kleines Loch in die Schädeldecke gebohrt und Elektroden zu den betreffenden Nervenstellen eingeführt. Dieser Vorgang wird teilweise im Wachzustand durchgeführt, damit der Neurochirurg die richtige Position der Elektroden testen kann. Der eigentliche Schrittmacher wird im Schlüsselbeinbereich implantiert und die nötigen Verbindungskabel für die elektrischen Reize werden unter der Haut zu den Elektroden geführt.

Mit dieser Therapie, die nur bis zum Alter von 70 Jahren durchgeführt wird, verbessert sich die Beweglichkeit und Lebensqualität. Ein neues Mitglied unserer Selbsthilfegruppe hat seit 20 Jahren Parkinson und sein Gangbild war extrem überbeweglich. Vor drei Jahren hat er der OP zugestimmt und sein Befinden ist nun so gut, dass er lange Radtouren unternimmt und Skitouren meistert.

Diese technischen Therapieoptionen klingen nicht sehr erbauend. Doch was sind die Alternativen? Wenn die ON/OFF-Situationen zunehmen, dann kann mit Tabletten kaum mehr ein akzeptabler Zustand erreicht werden. Es besteht dann die Gefahr, dass unter Umständen akinetische Krisen das Leben bedrohen. Darum sollte über die technischen Therapiemöglichkeiten nachgedacht werden.

Parkinson – es ist sicher, bald gibt es ein Mittel gegen dich.

ACHTUNG: Lachen gefährdet deine Krankheit

Maier jammert über seine schlechten Geschäfte und pumpt den Müller um 100 Euro an.

Am Abend trifft Müller den Maier in einem teuren Restaurant und sieht, wie der Maier gerade einen Hummer verspeist. Müller ist empört und sagt: „Du bist mir ein guter Freund! Mich pumpst du um Geld an und isst jetzt einen Hummer."

„Lieber Müller, du bist ungerecht.
Wenn ich kein Geld habe, dann kann ich keinen Hummer essen.
Und wenn ich Geld habe, dann dürfte ich keinen Hummer essen.
Ich frage dich, wann soll ich dann einen Hummer essen?"

Abschnitt: „Bewegung ist alles“

„Das Leben besteht in der Bewegung“

Aristoteles
griechischer Philosoph

Der nun folgende Buchteil befasst sich mit der Bewegung. Körperliche, geistige und mentale Bewegung ist die beste Therapie bei Parkinson! Da gilt es auch, sich regelmäßig zu bewegen und nicht aufzugeben.

Das kleine Gedicht „Verzicht“ zeigt den Vorsatz ein Ziel zu erreichen und das Scheitern, wenn die Mühen der Herausforderung zu beschwerlich werden. So geht oft auch der Reha-Effekt verloren.

Verzicht

Es wollten zwei Ameisen
nach - Australien reisen.

Einmal von zuhause fort,
zu einem fremden Ort.

Ein Tapetenwechsel - toll,
gleich gepackt der Koffer voll.

Tschüss, wir kommen wieder,
und sie pfiffen ein paar Lieder.

Nach vielen Schritten, ca. zehne,
war's, als ob der Weg sich dehne.

So war der Entschluss gefasst,
sich mal zu gönnen eine Rast.

Gestärkt mit Brot und Speck,
ging's weiter gleich ums Eck.

Doch es braucht der Schritte viel,
um zu erreichen das große Ziel.

Der Reiseweg, er wurde lang,
die Füße wund, kein fester Gang.

Da, ein Stöhnen: „Oh weh!“ -
eine Blase auf der großen Zeh.

Schon nach einer halben Stund,
die Begeisterung entschwund.

Weitergehen auf gut Glück,
oder aufgeben und zurück?

Die Moral von der Geschicht,
auch wenn's nur ein Gedicht:

Mach weiter oder verzicht,
entscheide - oder auch nicht.

Nach einem Kurzgedicht von Joachim Ringelnatz

Kapitel 11
„Bewegung, Bewegung …“

„Fließendes Wasser fault nicht,
Türangeln rosten nicht,
das kommt von der Bewegung.“

Lü Buwei
chinesischer Philosoph

„Bewegung, Bewegung, ihr Lahmärsche!“[23]

Noch heute, nach 55 Jahren, erinnere ich mich an die brüllende Stimme des Wachtmeisters der Ausbildungskompanie beim Bundesheer. Diese Aufforderung, sich schneller zu bewegen, war auch eine indirekte Strafandrohung und gehörte zum täglichen Ablauf in der Ausbildung.

Die süffisanten Befehle des als Schleifer gefürchteten Zugskommandanten waren zeitlich und logistisch so knapp bemessen, dass die Erledigung unmöglich zu schaffen war. Damit hatte der Sadist genügend Gründe, seine wehrlosen Untergebenen wieder mit Laufen, Robben, Singen, Strafdiensten, Ausgeh- und Urlaubssperren zu bestrafen.

---

[23] Als „**Lahmarsch**“ oder „**lahmarschig**“ wird jemand bezeichnet, der langsam, ideenlos oder langweilig ist.

Zum Beispiel bekamen wir Rekruten nach einem anstrengenden Marsch den Befehl, fünf Minuten später mit anderer Uniform und mit Gewehr am Exerzierplatz Aufstellung zu nehmen. Im vollen Lauf mussten wir 65 Mann in den Schlafsaal hetzen, uns hektisch umziehen und wieder in den Hof laufen. Nach einer Stunde exerzieren kam es dann zur Strafverkündung, weil das Zimmer nicht aufgeräumt war. Ausgehsperre und Strafdienste fürs Wochenende.

„Bewegung, bleibt in Bewegung!“

Das ruft ein Fußballtrainer seiner Mannschaft zu, damit sie einen Torvorsprung hält oder einen Rückstand aufholt. Auch die Fans im Fußballstadion feuern ihre Mannschaft in ähnlicher Weise an, wenn die Spieler mehr stehen als laufen.

„Bewegung“

Dieses Wort hat in vielen Bereichen eine Bedeutung. In der Physik, Mathematik, Musik und Anatomie. Auch im sozialen Leben und in politischen Kreisen gibt es Bewegungen.

Ein Redner kann bewegende Worte sprechen. Ein Film oder eine Dokumentation kann Gemüter bewegen. Aktive Menschen können auf ein bewegtes Leben zurückblicken. Eine Sache kann örtlich bewegt werden und weitere „Bewegungen“ sind sicher zu finden.

Ein Leben ohne Bewegung ist undenkbar. Schon im Mutterleib ist das Strampeln eines Babys zu spüren. Auch wenn ein Mensch im Koma liegt, ist er zwar regungslos, aber solange das Herz noch schlägt, wird das lebenswichtige Blut in den Körper gepumpt. So lange besteht Hoffnung auf ein Wiedererwachen.

Mit dem Begriff „Bewegung“ ist in erster Linie die körperliche Bewegung im Fokus, wie greifen, gehen und auch die Bewegungen des Mundes. Es braucht die Bewegung, um beweglich zu werden und zu bleiben.

Bewegung ist auch im mentalen Bereich nötig. Mit Motivation und Willenskraft können schwierige Lebenskrisen bewältigt und Unmögliches erreicht werden, nicht nur in Sport oder Kultur.

Es braucht zum Beispiel sehr viel Nachdruck, einen pubertären Teenager in Bewegung zu bringen, damit er sein Zimmer aufräumt.

Im Alter, bei Parkinson oder bei so mancherlei Gelenkbeschwerden fehlt oft die mentale und körperliche Kraft, mehr Bewegung als erforderlich zu machen. Damit tritt jedoch eine Abwärtsspirale ein. Wertvoll wäre es, die Bewegungsaktivitäten Tag für Tag oder von Woche zu Woche ein klein wenig zu steigern.

Neben der körperlichen Bewegung ist auch die geistige Bewegung wichtig, um einer Parkinson-Demenz vorzubeugen. Regelmäßiges Hirntraining fördert die geistige Beweglichkeit und beim Lesen geht die Fantasie auf Reisen. Auch für die Psyche ist Bewegung in mehrfacher Hinsicht von Bedeutung.

Um aus einer depressiven Verfassung[24] herauszufinden, braucht es viel Überwindung und positiver Reize, um das Schildkrötenverhalten aufzugeben. Da helfen auch gut gemeinte Aufforderungen wie *„Tu etwas"* oder *„Lass dich nicht gehen"* sehr wenig. Ein Gespräch mit einem guten Freund kann aber Wunder wirken, genauso wie positive Erlebnisse und sinngebende Aktivitäten oder Aufgaben.

Mit sportlichen Aktivitäten und bei körperlicher Betätigung wird der Kreislauf angeregt und das Blut besser mit Sauerstoff angereichert. Dadurch steigt das Wohlempfinden. Auch mit dem Erfolg einer geistigen Herausforderung werden Hormone ausgeschüttet, die den Menschen mental in Bewegung bringen.

Bleib in Bewegung und geh, denn: ***„Es geht, wenn man geht!"***

Parkinson – geh mir aus dem Weg.

ACHTUNG: Lachen gefährdet deine Krankheit

Ein Wirt montiert eine Tafel mit Regeln für das Personal.

„1. Alles, was sich bewegt, ist freundlich zu bedienen.

2. Alles, was sich nicht bewegt, ist gründlich zu putzen."

Am nächsten Tag steht handschriftlich dazugeschrieben:

„3. Achtung, den Chef nicht putzen!"

[24] Depressive Phasen und Antriebslosigkeit sind Früherkennungssymptome.

Kapitel 12
„Es geht, wenn man geht!“

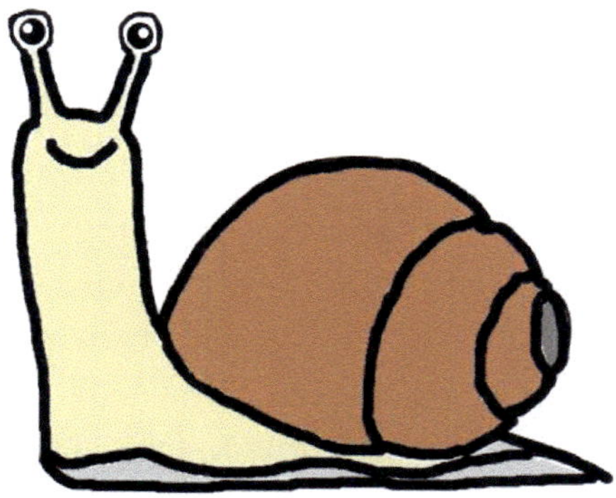

Die Schnecken-WHO empfiehlt,
täglich 1.000 Millimeter zu kriechen.

„Ein fester Wille ist stärker als die Körperkraft.“

Walter Ondrich
Autor und Parkinson-Betroffener

„Es geht, wenn man geht“

Dieser schnörkellose Satz war auf meinem Jakobsweg eine große Motivationsquelle weiterzugehen, auch wenn die Bedingungen noch so schwierig waren oder die Beine schmerzten.

Dieser kurze Satz mit nur fünf Wörtern hat nun eine zentrale Bedeutung im Leben mit Parkinson. Dieser Ausspruch gibt eine bedingte, aber positive Auskunft über das Befinden. Er ist zugleich Motivation, den eingeschlagenen Weg weiterzugehen oder mit dieser Einstellung weiterzumachen. Dieser Satz hat gleichfalls eine zentrale Rolle, warum ich dieses Buch geschrieben habe, und er ist auch der Kern dieser Lektüre.

Im täglichen Leben wird man oft gefragt: *„Wie geht's?“*

Die gängige Standardantwort ist vielfach genauso kurz: *„Es geht!“* In dieser Antwort schwingt jedoch eine negative Aussage mit, weil das Befinden eigentlich besser sein könnte.

Die drei zusätzlichen Worte *„wenn man geht"* vermitteln jedoch einen positiven Ausblick und implizieren einen Lösungsweg. So formuliert ist die Antwort *„Es geht, wenn man geht"* jedes Mal wieder motivierend. Wobei das zweite Wort *„geht"* eigentlich *„sich bewegt"* lauten könnte. Aber mein Sinnspruch *„Es geht, wenn man sich bewegt"* hätte nicht mehr die pointierte Aussagekraft.

Mit der Diagnose Parkinson fallen viele Betroffene in eine mehr oder weniger starke depressive Verstimmung (siehe mein erstes Parkinson-Buch). Die Frage *„Wie geht's?"* wird dann öfters nicht positiv beantwortet werden. In diesem Fall kann ein von mir kreierter Sinnspruch Zuversicht und Hilfe sein. Auf die Frage antworte ich dann: ***„Danke, es geht mir gut, dann geht es mir auch gut."***

Den Ausspruch garniere ich immer mit einem lachenden Gesicht. Damit baue ich mich selbst auf – psychisch wie auch körperlich. Dann passt auch die Körpersprache zur Erklärung. Es ist immer wieder eine Überraschung, was diese Antwort auslöst.

Diese selbstmotivierende Aussage vermittelt mir neuen Elan und verhindert einen Tiefgang, wie die Antwort *„Na ja, es geht so"* der zum Zeitpunkt gefühlten Stimmung entsprochen hätte.

Parkinson – ich hole mir Energie, um dir Paroli bieten zu können.

ACHTUNG: Lachen gefährdet deine Krankheit

Zwei Freunde treffen sich und sie reden über dies und das. Da sagt der eine zum anderen: „Bist du mir böse?"

„Warum soll ich dir böse sein?"

„Na, weil du mich nicht fragst, wie es mir geht."

„Dann sag, wie geht es dir?"

„Ach, frag mich bitte nicht!"

Kapitel 13
„... und er bewegt sich doch“

„Gehen ist des Menschen beste Medizin.“

Hippokrates
berühmtester Arzt des Altertums

Gehen war für mich zeitlebens ein Hobby, egal in welcher Ausprägung. Der „Duden“ kennt 113 Synonyme für „Gehen“. Für das Gehen oder welche andere Bezeichnung man auch verwenden will, möchte ich hier ein Plädoyer aussprechen.

Das Gehen dient mir zur Fortbewegung und nachdem ich das Privileg habe, zentral zu wohnen, erledige ich fast alles per pedes. Gehen ist für mich die Grundlage für die körperliche Fitness und Gesundheit. Darüber hinaus beflügelt es meinen Geist und hilft aus mentalen Tiefs.

Mit dieser Bewegungsart schaffe ich mir auch einen geistigen Nährboden. Angeregt durch Beobachtungen entstehen neue Ideen und haben andere Sichtweisen Platz. Bei der Suche von Lösungen können schon ein paar Schritte ausreichen, eine Gedankenblockade zu lösen. Beim Gehen hat man ein größeres Blickfeld - optisch und geistig - und kommt dem eigenem Ich viel näher.

Fühlt man sich ausgelaugt und belastet, dann ist ein ausgedehnter Spaziergang in der Natur das beste Mittel gegen „Burnout“-Symptome oder bei psychischen Problemen.

Egal wo, wie und warum man geht, Hauptsache man geht – langsam oder fordernd. Gehen ist genauso wie Lachen ein therapeutisches Wundermittel und noch dazu gratis. Es braucht nur den Willen zu gehen, dazu ein wenig Zeit und gutes Schuhwerk.

Die WHO[25] empfiehlt, täglich 10.000 Schritte für die eigene Gesundheit zu gehen. Je nach Schrittlänge sind das sechs bis sieben Kilometer. Wer ab dem Alter von 65 Jahren täglich diese Strecke geht, kann im Vergleich zu Gleichaltrigen, die nicht oder nur sehr wenig gehen, das Risiko, in den nächsten zwölf Jahren zu sterben, um 50 Prozent verringern. Schon dreimal in der Woche 5.000 Schritte zu gehen, kann die Lebenserwartung um zwei Jahre verlängern.

Dazu müssen auch Körper und Kreislauf gefordert werden. Die Gehgeschwindigkeit sollte so gewählt werden, dass die Atmung schneller wird und man sogar leicht ins Schwitzen kommt. Therapeuten empfehlen das Gehen als Therapie, um die Beweglichkeit zu erhalten. Das kann ich aus eigener Erfahrung nur bestätigen.

Ich gehe gerne und nutze auch jede Gelegenheit dazu. Dabei fällt es mir nicht immer leicht zu gehen, denn seit einigen Jahren behindert eine schwere Meniskusverletzung ein unbeschwertes Gehen. Doch mit Übungen zur Stärkung der Muskulatur gelingt es mir, diese Geh-Einschränkung erträglich zu halten und ich versuche täglich, ein Mindestmaß an Geh-Therapie einzuhalten.

Oft wird mir vermittelt, dass man mir Parkinson nicht anmerkt. Diese Meinung stützt sich auf die Tatsachen, dass ich versuche, aktiv zu bleiben, dass ich viel gehe und dass meine Hände nicht zittern. Parkinson wird vielfach mit dem Zittern in Verbindung gebracht.

Meine Parkinson-Erkrankung ist äußerlich auch an der Statur und am Gangbild zu erkennen. Der gekrümmte Rücken ist typisch und wird vielleicht als Fehlhaltung gesehen. Mein schon etwas schwankend und unsicher wirkender Gang lässt Betrachter vermuten, dass Alkohol im Spiel ist. Wenn das so ist, dann ist mein Arzt daran schuld, der mir eindringlich geraten hat, immer viel zu trinken – etwa zwei Liter am Tag. „Hicks" & „Prost" kann ich da nur sagen!

---

[25] **WHO** – World Health Organization / Weltgesundheitsorganisation

Beim Gehen ist das verminderte Mitschwingen meines linken Armes ein typisches Parkinson-Erkennungszeichen. Der Arm hängt mehr oder minder lustlos am Körper und ist praktisch gezwungen, überall mitzugehen. Als beispielhaftes Bild kann dafür ein pubertierender Jüngling herhalten. Der Teenager geht, oder verwenden wir einen passenden Terminus, „schlurft" nur missmutig und widerwillig beim sonntäglichen Familienspaziergang mit. Erreicht hat dies der Vater unter Androhung eines mehrwöchigen Fernseh- und Spielkonsolenentzugs. Was der Mutter den Kommentar entlockt: *„Und er bewegt sich doch."* Eine Feststellung, die schon Galileo Galilei in ähnlicher Weise tätigte.

Ein weiteres stigmatisierendes Merkmal wäre die Langsamkeit der Bewegungen. Das ist für Fremde jedoch nicht gleich erkennbar, weil das Wort „langsam" meinem Naturell nicht entspricht. Aber auch die Gehleistung hat sich leider schon verringert. Mit zunehmender Gehdauer wird der Schritt unsicherer und die Schrittlänge kürzer. Mein ICH, Jahrzehnte gewöhnt, in der Stunde sechs Kilometer zu gehen, reagiert automatisch auf den kürzeren Schrittabstand und erhöht die Schrittfolge, um das gewohnte Gehtempo zu halten. Damit wirkt der Gang aber zappelig. Wenn mir dieser Zustand auffällt, dann versuche ich bewusst langsamer zu gehen und dafür größere Schritte zu machen. Doch einige Meter weiter, wenn ich dann nicht mehr auf den Schritt achte, falle ich wieder auf die parkinsönliche Schrittfolge zurück.

Mein feiger Parkinson (für mich ist er männlich), lässt sich nicht gern in der Öffentlichkeit erblicken, dafür quält er mich innerlich, indem er meine Schließmuskeln zum Streik animiert hat.

Parkinson – ich kenne dich. Du wirst mich noch kennenlernen.

ACHTUNG: Lachen gefährdet deine Krankheit

Es klirrt in der Küche.

ER: „Mist, mir ist gerade ein Glas runtergefallen."

SIE: „Warte, ich komme mit dem Besen."

ER: „Die paar Meter kannst du wohl zu Fuß gehen."

Kapitel 14
„Sieger beim Reizblasenlauf"

„Es ist nicht wichtig, wie langsam du gehst,
solange du nicht stehenbleibst."

Konfuzius

Eines der vier Kardinalsymptome, die für die Parkinson-Diagnose zutreffen müssen, ist die Bradykinesie, also eine Verlangsamung. Die Bewegungen werden langsamer, die Darmfunktion kommt fast zum Erliegen, das Reden wird stockend und sogar das Denken läuft vielfach im Tempo einer Schnecke ab. Doch halt! Es gibt eine Körperfunktion, die durch Parkinson angeregt wird, aktiver und schneller zu reagieren.

Es ist die Blase, genau gesagt eine hyperaktive Reizblase. Sie ist einfach so „reizend" zu mir. Sie drängt schon bei geringem Füllgrad vehement darauf, die angesammelte Flüssigkeit SOFORT loszuwerden. Das kann bei einem einstündigen Anfall fünf dringende WC-Gänge notwendig machen, wobei die Begrifflichkeit „WC-Läufe" zutreffender ist.

Die Reizblase setzt sogar militärische Angriffsstrategien ein, um nach eigenem Gutdünken die Flüssigkeit abgeben zu können. Sie kennt schon alle meine Strategien, um dies zu verhindern. Damit sie trotzdem erfolgreich sein kann, setzt sie tropfenförmige Kundschafter ein, um zu prüfen, ob ich abwehrbereit bin.

Schleichend oder momentan drängend testet dann ein Tropfen als Kundschafter die Möglichkeit aus, zu entkommen. Gelingt ihm das, dann nützt ein ganzer Stoßtrupp[26] von Tropfen diesen Fluchtweg und es wird schwierig, die Verteidigungslinien wieder zu schließen. Bevor noch alles abgedichtet ist, nützt das Ausbruchskommando die Chance und erteilt den Befehl: „Voller Angriff!"

In schlechten Phasen bin ich viel „unterwegs". Da werden sogar die fünf Sekunden Wegzeit für die 20 Schritte vom Wohnzimmer zum Häusl[27] zu lang, zumindest für die Verschlusskraft der Blasenschließmuskulatur. In der freien Natur habe ich diesbezüglich eine ehrenamtliche Tätigkeit übernommen. Ich bewässere die Bäume und Sträucher am Wegrand.

Wer von diesem Gebrechen geplagt ist, dem fällt es in den dringenden Situationen leidvoll auf, wie selten die Kommunen ihren Bürgern an strategischen Punkten Toiletten zur Verfügung stellen. Wenn es sie überhaupt gibt, dann sind sie häufig schamhaft versteckt und decken meist nur den zentralen Bereich ab. Doch sogar in Städten mit mehreren Tausend Einwohnern sind abseits der Zentren kaum öffentliche Stellen zum Wasserlassen zu finden.

Es gibt auch mehr Stellen, wo man Wasser entnehmen kann (siehe Trinkbrunnen, Vögel- und Hundetränken oder Hydranten), als es Möglichkeiten gibt, Flüssigkeiten loszuwerden. Vielleicht wäre mein Problem für die Feuerwehr bei Waldbränden nützlich?

Abseits der heimatlichen Toilette ist in bewohnten Gebieten eine vorausschauende Wegplanung hilfreich. Da ist die Kenntnis der möglichen Pipi-Stationen[28] unverzichtbar. Schon mehrmals habe ich die Herausgabe eines Pipi-Führers in Betracht gezogen. Ich kenne alle guten, aber auch erniedrigenden Stellen in meiner Umgebung, wo eine Erleichterung möglich ist. Leider eignen sich die meisten Plätze kaum für das weibliche Geschlecht.

---

[26] Ein **Trupp** ist eine kleine militärische Einheit.

[27] „**Häusl**" ist die umgangssprachliche Bezeichnung für die WC-Häuschen in ländlichen Gegenden ohne Kanalsystem.

[28] **Pipi**-Gehen ist der kleinkindliche Begriff für urinieren zu gehen.

Ein Pipi-Stadtplan könnte nach meinen Recherchen ein Hit werden. Da wären alle praxiserprobten Pinkelmöglichkeiten gekennzeichnet. Standort, Art, Eignung und Sauberkeit der möglichen Pipi-Stationen würden, anhand verschiedener Kriterien, fachgerecht bewertet das Leben erleichtern (im wahrsten Sinne des Wortes). Ähnlich wie die Anzahl der verliehenen Kochhauben die Qualität von Restaurants auszeichnet, so könnte die WC-Wertung mit mehreren tropfenförmigen Symbolen 💧 erfolgen.

Bei besonderen Erlebnis-WC-Anlagen oder für ein Zusatzservice wie themenhaft bedrucktes Toilettenpapier (z.B. Mode- oder Auto-Journal) für obstipationsbedingte Wartezeiten würden zusätzliche Superior-Sterne vergeben. Die jährliche Neubewertung könnte bei einer Veranstaltung ähnlich einem Filmfestival bei einer sogenannten „Urinale“ präsentiert werden.

Ohne WC-Versorgung an allen Ecken und Nischen bin ich dem Blasendruck wehrlos ausgeliefert. Die Dringlichkeit lässt mich an der Ampel wartend eine Art Regentanz aufführen, der sinngemäß sogar passend ist. Es ist jedoch frustrierend, dass die Blasenmuskelkraft meistens stärker ist als die Schließmuskelkraft.

Da kann nur eine Flüssigkeitsstauanlage – im Fachjargon Ein- oder Vorlage genannt – für eine gewisse Zeit oder für eine bestimmte Menge Schutz bieten.

Es ist wie beim Rückhaltebecken einer Wildbachverbauung. Solange der Staubereich die Wassermenge aufnehmen kann, bleibt das dahinterliegende Dorf vor Schäden durch die Wassermassen verschont. Aus meiner Sicht bedeutet ein Austritt oder Überlauf nicht nur eine unangenehme Situation, sondern auch eine Demütigung, wenn das Ausgetretene sichtbar wird.

Das Nachlassen der Schließmuskelfunktion ist an allen Verschlussstellen zu bemerken. Am Beginn des Verdauungsprozesses erkennt man die nicht verschlossene Speiseröhre am Verschlucken oder umgangssprachlich am Verkutzen. Der nächste Schließmuskel sollte den Rückfluss des Mageninhalts, also den Reflux verhindern. Dieses Ungemach stößt mir sonst säuerlich auf – im wahrsten Sinne des Wortes.

In den unteren Körperregionen, also am Ende des Verdauungsprozesses, nennt sich diese muskuläre Schwäche dann Inkontinenz. Alles, was mit diesem Begriff verbunden ist, wird meistens schamhaft verschwiegen. Dabei trifft das nasse Problem die meisten Menschen im zunehmenden Alter aus verschiedensten Gründen.

Aber auch für den rückseitigen Ausgang für Feststoffe und Gase hat der Begriff Inkontinenz seine Gültigkeit. Im normalen Parkinson-Sprachgebrauch ist der Zustand an und für sich nicht vorstellbar. Zu sehr plagt man sich als Parki täglich stundenlang im stillen Örtchen mit härteren Problemen herum. Doch wehe, wenn durch äußere Einflüsse, wie in meinem Fall am Beginn der L-Dopa-Phase, der Aggregatzustand von „fest oder hart“ zu „sehr weich“ wechselt, dann tritt das Sektkorken-Prinzip ein. Wenn der Sicherheitsdrahtverschluss gelöst ist, hält der Sektkorken nur mehr kurz dem inneren Druck stand.

Der beschriebene Schließmuskel sollte laut Betriebsanleitung auch die im Körper anfallenden Abgase unter Verschluss halten. Zumindest bis zur intimen Sammelstelle, das paradoxerweise „stilles Örtchen“ genannt wird. Auch hier ist der Gasdruck höher als der Gegendruck des Austrittsventils, was sich dann wie das Übungsschießen der Artillerie anhört.

Ob sich der Flüssigkeitsverlust oder die Abgase auch geruchlich bemerkbar machen, was zu befürchten ist, kann ein typischer Parkinsoner nicht wahrnehmen, weil der Geruchssinn durch die parkinsönliche Machtübernahme ausgefallen ist.

Gegen meine lästigen Reizblasenprobleme hat bisher noch kein Arzt eine Lösung gefunden und medikamentös bin ich austherapiert. So nennt man den Status, wenn kein Kraut mehr gegen das Leiden gewachsen ist. Der Hoffnungsschimmer einer Akupunkturbehandlung hat sich auch als verglühender Komet herausgestellt.

Für die vom Urologen vorgeschlagene Botox-Behandlung konnte ich mich noch nicht begeistern. Da ginge es zwar nicht um Gesichtsfalten oder einen Schmollmund. Nein, es wäre eine Botox-Einspritzung in die Blase, damit sie entspannt wartet, bis ICH das Kommando „Wasser marsch!“ gebe.

Der Vorgang ist grundsätzlich nicht sehr attraktiv und müsste alle paar Monate wiederholt werden. Diese Methode kann aber auch dazu führen, dass der Blasendruck für eine unbestimmte Zeit, bis eben die Wirkung wieder etwas nachlässt, in totalen Streik treten kann. Bei Auftreten dieses Zustandes müsste man sich täglich mehrmals einen Katheder einführen, um damit die Abflussleitung für die angesammelte Flüssigkeit zu öffnen.

Dieser Methode kann ich keine Verbesserung von Lebensqualität abgewinnen und sie könnte durch eingeschleppte Keime recht unangenehm werden.

Da bleibe ich lieber bei meiner Therapie, nämlich regelmäßig saunieren zu gehen. Damit kann ich mit fast hundertprozentiger Sicherheit die Reizblase beruhigen und gewinne damit ein bis vier Tage wohltuende Blasenentspannung und Trockenheit.

Parkinson – du bist flüssig, einfach überflüssig.

ACHTUNG: Lachen gefährdet deine Krankheit

Drei ältere Männer stehen am Rand einer Wiese und wollen pinkeln, da sagt einer von ihnen:

„Könnt ihr euch noch an unsere Jugendzeit erinnern? Da haben wir versucht, unsere Namen in den Schnee zu pinkeln."

Sagt der Zweite:
„Wir haben gewettet, wer weiter pinkeln konnte."

Der Dritte fragt:
„Probieren wir, wie weit wir noch kommen?"

Gesagt - getan. Der Erste meint:
„Ich bin nur 20 cm weit gekommen."

Der Zweite sagt darauf:
„Das geht bei dir noch gut.
Ich habe meine Schuhe nass gemacht."

Da sagt der Dritte:
„Ihr habt schon gewonnen!"

Kapitel 15
„Geh mit Gott, aber geh!"

Du kannst gehen? Dann geh!
Du willst gehen? Dann geh!
Du gehst? Dann geh mit Gott!

Walter Ondrich
Autor und Parkinson-Betroffener

„Geh mit Gott, aber geh." Für einen Pilger sind diese Worte eine Aufforderung zum Gehen – mit Gottes Segen. Im Sprachgebrauch ist es eine Redewendung mit mehreren Deutungen.

Meist wird damit ausgedrückt, dass eine Person nervt und lästig ist. Es ist mehr oder minder eine Zurück- oder Wegweisung mit ironischem Unterton. Eine andere Bedeutung hat der kurze Satz, wenn man eine Person zum Handeln auffordert, endlich das Zaudern vor einer Entscheidung zu beenden.

Der Ausspruch kann auch den Wunsch äußern, dass Gottes Segen die Zukunft begleiten soll. Zum Beispiel, wenn Kinder flügge werden oder nach der Ausbildung ins Berufsleben eintreten. Nach einer schweren Operation wird man angehalten, bald wieder aufzustehen und zu gehen. Das verhindert einen Muskelabbau durch eine lange Bettlägerigkeit.

In Folge wird das kleine Wörtchen „gehen" mit seinen Abwandlungsformen betrachtet. Der Wortstamm und dessen Wortfamilie haben nicht nur eine wörtliche Bedeutung. Auch der sinngemäße Begriff ist aus dem Sprachgebrauch nicht wegzudenken.

Gehen ist der Inbegriff für Bewegung und für das körperliche Wohlergehen wichtig. Aber auch Geist und Psyche profitieren vom Akt des Gehens.

Mit dem Wort *„gehen"* kann man vieles zum Ausdruck bringen:

- Man muss zum Arzt, zur Arbeit oder zur Schule gehen.
- Ein Arbeitsfortschritt oder das Befinden könnte besser gehen.
- Zwei verliebte Teenager gehen miteinander.
- Man hört die Türen gehen.
- Ein Verhalten kann auf die Nerven gehen.
- Bei einer Inflation gehen die Preise nach oben.
- Der Teig muss gehen, bevor er in den Backofen kommt.
- Man muss aufs stille Örtchen gehen.
- Man kann, soll, muss schlafen gehen.

Vieles lässt sich mit dem Wort *„gehen"* ausdrücken. Als Begriff für eine Bewegungsart zieht sich die Wortfamilie wie ein roter Faden durch das Buch und ist mehr als hundertmal zu finden. Es gibt eine Reihe von weiteren Ausdrucksformen für das Wort „gehen" mit gleicher oder ähnlicher Bedeutung, die dann eine spezielle Art des Gehens ausdrücken:

> *„gehen, spazieren, marschieren, wandern, laufen (in Form von schnell gehen), schleichen, schlurfen, schlendern, trotten, schreiten, bummeln, hatschen, trödeln, pilgern oder wallfahren …"*

Es macht einen Unterschied, ob ich gehe, spaziere, marschiere und so weiter. Jede Bezeichnung lässt zudem erkennen, wie man unterwegs ist – langsam, schnell, ziellos, abwartend oder aus einem anderen Antrieb heraus. Gehen, statt zu fahren fördert die Grundkondition, man bleibt mobil und verhindert einen Muskelabbau. Gehen entschleunigt und schafft Freiräume für den Geist.

Wichtig ist, dass man viel geht, denn gehen ist gesund, gehen macht frei, gehen ist umweltfreundlich und gehen ist gratis.

Mit dem Eigenschaftswort (Adjektiv) **„geht"** geht es weiter.

Er, sie, es geht

- mir auf die Nerven
- schon wieder nicht
- niemand etwas an

Die Schnelllebigkeit unserer Zeit mit hektischer Freizeitbetriebsamkeit komprimiert oft einen Gesprächsinhalt auf das Minimum. Trifft man zwischen zwei Terminen eine bekannte Person, dann wird häufig nur eine knappe und rituelle Frage nach dem Befinden gestellt. Die Antwort fällt ebenfalls kurz aus. Die Fragestellung und genauso die Antwort werden dabei zu standardisierten Floskeln.

Die knappe Frage *„Wie geht's?"* wird mit *„Es geht"* beantwortet. Wenn der Fragesteller jedoch an einer konkreten Antwort interessiert ist, dann müsste die Frage präzisiert werden:

„Was meinst du mit deiner Frage? Wie es mir …
… jetzt im Moment geht, oder
… wie es mir heute geht, oder vielleicht
… wie es mit der Erkrankung geht?"

Die Antwort auf die Frage könnte so lauten:

> *„Im Moment geht es mir nicht besonders gut, denn ich habe vergessen, meine Medikamente einzunehmen. Im Übrigen geht es mir gut, weil ich gerade eine Glückssträhne habe. Nur mit dem Verlauf der Krankheit bin ich nicht zufrieden …"*

Das unbestimmte *„Wie geht's?"* dient vielfach auch als einleitende Floskel für eine Kommunikation.

Es gibt Menschen, die diese Phrase dazu verwenden, um dann das Gespräch an sich zu reißen und über die eigenen Themen sprechen zu können. Noch bevor man die Frage beantworten kann, unterbricht der Fragesteller die Antwort und bestimmt für den Rest des Gesprächs Thema und Wort. Das beispielhafte Interesse an meinen Urlaubsfreuden ist nur Vorwand, um zu vermitteln, welch „attraktive" Urlaubsaktivitäten der Gesprächspartner selbst plant. In diesen Fällen klappe ich dann die Ohren zu und suche ehest die Weite, wenn es möglich ist.

„Geh“, die Befehlsform von *„gehen“*, fordert zum Gehen auf und wird mit Attributen konkretisiert: „geh los“, „geh weiter“, „geh schneller“, „geh öfters“, „geh und beweg dich“, und so weiter …

Über viele Jahre war es mein Wunsch, den Jakobsweg zu gehen. Nach der Pensionierung war der innerliche Aufruf *„Geh den Jakobsweg“* nicht zu überhören und der Lebenstraum wurde zur Wirklichkeit. Es war schöner, aufregender und erfüllender, als es vorstellbar war.

Der Antrieb für das Wagnis war das kleine, aber bestimmende Wort *„geh“*. Vom Zeitpunkt der Entscheidung und dann mit dem ersten Schritt aus meiner Kirche hinaus auf ein 3.000 Kilometer entferntes Ziel zu. Geh los, geh weiter, geh …! Ich bin gegangen und bin nicht nur beim Ziel, sondern auch bei mir angekommen.

Es war ein körperlicher und mentaler Kraftakt. Fünf Jahre vor der Erkenntnis, an Parkinson erkrankt zu sein. Rückblickend behaupte ich, dass ich den Jakobsweg zwar allein gegangen bin, doch Parkinson war zu dieser Zeit schon ein Reisebegleiter. Einige der frühen Symptome waren damals schon vorhanden, nur gut versteckt und getarnt, so wie blinde Passagiere nicht auffallen wollen.

„Geh deinen Parkinsonweg“ ist jedem Betroffenen zu wünschen.

- Nimm die Krankheit als Realität an.
- Gib nicht auf und steh auf.
- Kämpfe vital und mental gegen den schnellen Verlauf.
- Mach das Beste aus der Situation.
- Denk positiv und vermeide negative Gedanken.
- Sei offen für neue Wege und Perspektiven.
- Suche neue Herausforderungen.

Parkinson – ich bin mehr wert, als du mir nehmen kannst.

ACHTUNG: Lachen gefährdet deine Krankheit

Sagt eine 0 zur 8:

„Du hast aber eine schmale Taille!“

Kapitel 16
„Ge(h)danken"

„Es handelt sich nicht darum,
ob wir treppauf oder treppab gehen,
sondern wohin wir gehen,
und was das Ziel unserer Schritte ist."

Gilbert Keith Chesterton
englischer Schriftsteller und Journalist

Das Wörtchen „geh" wurde zuvor schon betrachtet und mit einigen phonetischen „Ge(h)"-Begriffen schließt sich dieses Kapitel an. Es sind Gedanken über Worte mit der Vorsilbe „Ge-", die teils mit einem eingefügten „h" ihren Sinn erweitern. So wird aus dem Wort „Gedanken" die Ge(h)danken als zentrales Thema dieses Buchabschnitts.

In Folge sollen dabei einzelne Ge(h)danken über Begriffe beleuchtet werden, die mit vorangestelltem Begriff „Geh" gehtauglich sind oder mit der Vorsilbe „Ge-" und dem eingefügten „(h)" gehfähig werden.

Gehfähig

Allein schon der Begriff „gehfähig" hat im Leben eine zentrale Bedeutung und symbolisiert einen Zustand, wo es wieder aufwärts geht. So ist der erste Schritt nach einer Knie- oder Hüftgelenksoperation ein entscheidender Moment, damit man wieder gehfähig wird, auch wenn noch viele Schritte nötig sind, um wieder im vollen Umfang fit zu werden.

Welche zentrale Bedeutung der Zustand, „gehfähig zu sein" hat, zeigte ein Vorfall in meinem Umfeld. Eine mir bekannte Person stürzte beim Absteigen vom Fahrrad so unglücklich, dass sie sich dabei beide Beine brach. Was das bedeutet, kann sich jeder vorstellen, auch wenn die Details in Wirklichkeit sicher viel dramatischer waren. Nach der Knochenheilung und der Abnahme des Gipsverbandes war es für diese Person sicher ein erhebendes Gefühl, wieder gehfähig zu sein.

Ge(h)fallen:

Ein deutsches Sprichwort sagt: *„Durch Fallen lernt man gehen."*

Jeder kennt den siegesbewussten Blick eines Babys, wenn es die ersten Schritte getan hat. Es ist für Mama und Papa ein unvergesslicher Augenblick. Doch nach diesen ersten Gehversuchen folgt der erste Fall, der meist glimpflich verläuft. So lernt jeder Mensch gehen und auch fallen.

Im Laufe des Lebens stürzt jeder Mensch noch vielfach und kann dabei körperlichen oder seelischen Schaden erleiden. Bei schicksalhaften oder selbstfabrizierten Situationen fällt man oft sehr tief und lernt (hoffentlich) daraus.

So einen beispielhaften Prozess des Lernens hält das Leben mit dem Begriff „Ge(h)fallen" parat.

Ein junges Mädchen unterliegt oft einem Zwiespalt. Wie weit kann und darf das Mädchen gehen, um dem männlichen Geschlecht oder zumindest einem bestimmten Adonis zu gefallen? Es darf aber dem ungestüm Werbenden keinen Gefallen erweisen, seinem Werben nachzukommen, auch wenn er und sein Begehr dem Mädchen gefallen würde.

Denn wenn die Maid alle elterlichen Ermahnungen ignoriert und der Herzensbrecher danach aber den Gefallen an dem Mädchen verloren hat, und er lässt die zuvor Umworbene mit den Worten „Ich geh" fallen, dann gilt die Unglückliche als „gefallenes Mädchen". Das wird aber dem Mädchen wiederum nicht gefallen und dessen Eltern schon gar nicht.

Jahrzehnte danach ist das Mädchen, nun schon in reiferen Jahren, von anderen „Geh-Fallen“ sturzgefährdet. Unebene Wege gepaart mit einer unsicheren Gangart oder die häuslichen Geh-Fallen wie schmale oder steile Treppenstufen, Türabsätze, aufstehende Teppiche und im Weg liegende Teile, lassen Frau und Mann stolpern und fallen. Da bricht dann nicht das Herz, sondern nun die osteoporösen Knochen.

Ge(h)hilfe:

Ein Gehilfe ist ein junger Mensch, der seine Lehrzeit mit einer Prüfung abgeschlossen hat. Auch ein Helfer bei der Verrichtung von Tätigkeiten oder ein Mittäter von Straftaten wird Gehilfe genannt.

Hier geht es jedoch um die *„Geh-Hilfe“*. Also um ein Hilfsmittel zur Unterstützung beim Gehen und diese stützenden Begleiter gibt es für unterschiedliche Anforderungen und Lebenslagen.

Die klassische Gehhilfe ist der Gehstock, der auch verstellbar und zusammenklappbar erhältlich ist. Wurde diese Stütze einmal angenommen, dann wird er oft als „Begleiter oder Freund“ bezeichnet. Eine notwendige und meistens zeitlich begrenzte Gehhilfe sind Krücken, die von Ärzten oder von Therapeuten verordnet werden, wenn Beine und Füße nach Verletzungen oder Gelenkoperationen nicht belastet werden sollen.

Die sehr beliebten Walkingstöcke können die Gelenke schonen und sie dienen der Stabilität. Damit ist man schneller unterwegs und kann längere Wegstrecken gehen, was wiederum die Fitness stärkt.

Die Empfehlung, Bitte oder Forderung an eine zunehmend instabile Person Gehstöcke als Gehhilfe zu verwenden, wird oft abgelehnt, weil dann keine Hand frei wäre, um eine Tasche mit den Einkäufen zu tragen. Da können kleine Rucksäcke helfen und das Gewicht der Waren lässt sich am Rücken auch viel leichter tragen.

Ein Segen sind die Rollatoren. Sie sind eine sehr gute Gehhilfe und ermöglichen in vielen Fällen überhaupt noch eine selbstbestimmte Lebensweise. Neben der Stützfunktion ersetzen sie auch einen Einkaufswagen und bieten sich als kurzfristige Sitzgelegenheit an.

Im Handel gibt es viele Modelle, die leichter sind als die Krankenkassengeräte. Sie haben größere und bessere Räder, um kleine Hindernisse leichter zu überwinden. Sehr wichtig sind weiters ergonomische und leichtgängige Bremshebel und die richtige Anpassung an die Körpergröße. Auch ein einfaches Zusammenklappen für den Transport im Auto sollte bedacht werden. Die Akzeptanz für einen Rollator wird dabei sicher auch vom Handling und vom Gefühl der Sicherheit abhängen.

Für Parkinson-Patienten sind spezielle Modelle im Handel erhältlich. Die Betroffenen neigen dazu, mit den schnelleren und kürzer gewordenen Schritten den Rollator vor sich wegzuschieben. Dadurch werden sie noch zappeliger und sind dann sehr sturzgefährdet. Besonders wenn zusätzlich noch eine körperliche Vorneigung vorliegt. Dafür gibt es Bremssysteme mit leicht mitschleifenden Bremsen, die verhindern, dass man immer schneller wird. Weiters können Umkehrbremsen im Notfall das Gerät zum Stehen bringen, wenn die Bremshebel ausgelassen werden.

Zu erwähnen sind noch Spezial-Gehstöcke. Das sind „normale" Gehstöcke mit eingebauten und klappbaren „Schranken" oder Laserlichtbalken zum Weitergehen bei einer Gehsperre. Eine andere Gehhilfe ist ein Vierfuß-Gehstock, der viel Stabilität und Halt bietet. Dieser Stock kann im häuslichen Bereich eine Stütze sein, besonders wenn die Wohnung für einen Rollator sehr beengt ist. Außerdem bleibt dieser Stock stehen und fällt nicht um.

Dann gibt es noch die Rollstühle, die zwar formal keine Gehhilfe sind und eher für Patienten verwendet werden, die bestenfalls nur mehr kurze Strecken gehen können oder beim Gehen instabil sind. Der Rollstuhl kann auch wie ein Rollator verwendet werden. Damit kann der Rest an Gehfähigkeit noch ein wenig erhalten werden. Ein Rollstuhl zur Geh-Unterstützung benötigt aber Griffe mit Bremsen.

Eine Gehhilfe ist oft mit Vorurteilen und negativen Emotionen belastet. Es ist ein Zeichen, dass man älter und gebrechlicher wurde. Einen Stock zu verwenden, wird oft aus Eitelkeit oder einer mangelnden Selbstreflexion abgelehnt.

Meiner Schwiegermutter, Gott hab sie selig, hat der Hausarzt vorsichtig empfohlen, doch einen Gehstock zu verwenden, als sie wieder einmal wegen eines Schwächeanfalls gestürzt war. Da hat meine Schwiegermutter ihren geliebten Doktor entrüstet angesehen und gemeint: „Herr Doktor, bin ich wirklich schon *so* alt?" Sie war damals hoch in den Achtzigern!

Wenn jedoch besorgte Kinder/Enkelkinder einen Eltern- oder Großelternteil darauf drängen, unbedingt einen Stock zu verwenden, kann das den Unmut der betagten Person auslösen. Noch schlimmer ist es, den Einsatz eines Rollators oder „Marandjosef"[29] und vielleicht gar eines „Gottseibeimir"[30] in Form eines Rollstuhls zu verlangen. Diese Aufforderung kann einen ordentlichen Familienzwist auslösen, der bis zur Androhung der Enterbung führen kann.

Da ist guter Rat teuer. Eine Lösung könnte sein, die betagte Person vor vollendete Tatsachen zu stellen und auf den Gewöhnungseffekt zu setzen. Später, wenn die Tristesse des Alleinseins den Alltag lang werden lässt, dann besteht die Chance, dass die Neugier größer wird als die ablehnende Eitelkeit.

Meine liebe Schwiegermutter lieferte auch solche Ablehnungsbeispiele. Zuerst war es der Rollator, der ihren Unmut erregte. Dem „Graffl"[31], wie sie den Rollator anfangs verächtlich nannte, widmete sie tagelang keinen Blick. Die Omi verzichtete als Zeichen der Ablehnung sogar auf ihren täglichen Stadtbummel und auf ihren geliebten Hauptplatzkaffee.

Nach einigen Tagen Kommunikationsabstinenz begann die Abwehrmauer zu bröckeln, denn freitags findet in der Stadt immer ein Bauernmarkt statt. Dort traf sie immer viele Bekannte, mit denen sie plaudern konnte. Dafür nahm sie auch den Rollator in Kauf und war dann glücklich, wieder unter die Leute zu kommen.

---

[29] „**Marandjosef**" ist umgangssprachlich der Ausdruck einer Bestürzung und die Zusammenfügung der Worte „Maria und Josef".

[30] „**Gottseibeimir**" ist die Zusammenfügung der Worte „Gott sei bei mir". Es ist eine alte Bezeichnung für den Teufel oder das Werk des Teufels und wird von einem Kreuzzeichen begleitet.

[31] „**Graffl**" ist in der Dialektsprache die Bezeichnung für „wertloses Zeug".

Ein paar Jahre danach benötigte die Schwiegermutter auch in der Wohnung eine Gehstütze. In der kleinen Wohnung, die sie mit einer rumänischen 24-Stunden-Betreuerin bewohnte, war der Rollator unpraktisch. Da sollte ein Vier-Fuß-Stock den nötigen Halt bieten.

Als ich ihr diese Gehhilfe brachte, war mir bewusst, dass sie dafür keine große Freude bekunden würde. Ihre Einstellung äußerte sie zuerst nonverbal. Wenn giftige Blicke töten könnten, dann wäre ich auf der Stelle tot umgefallen.

Mit Verachtung gab sie zu verstehen, dass ich das Ding gleich wieder mitnehmen könne, denn sie brauche das nicht. Aber mit der Zeit gab sie den Widerstand auf und probierte das nutzlos herumstehende Ding. Am nächsten Tag rief sie mich an und bedankte sich überschwänglich für den neuen Begleiter.

Eine andere Form einer Gehhilfe ist der stützende Arm einer begleitenden Person. Diese Stütze ist eine sehr empathische Hilfe, die viel Vertrautheit und Nähe vermittelt. So eine Begleitung ist nicht nur bei einer Gangunsicherheit wertvoll. Mit diesem stützenden Arm wird etwas angeboten, das es nicht zu kaufen gibt – nämlich Zuneigung und Geborgenheit.

Gestürzt

„Ich bin gestürzt!"

Diese Worte, ausgesprochen von einer älteren Person, lassen im Kopf eines Angehörigen augenblicklich schlimme Bilder entstehen. Bruch der Gliedmaßen, Operationen, Bewegungseinschränkung, Hilflosigkeit und Betreuungsnotwendigkeit sind vielfach die Folgeerscheinungen nach einem Sturz. Das kann den Lebensbereich des Gestürzten von Grund auf verändern.

Die Sturzfolgen können zu einem Leben im Pflegeheim führen, wenn Angehörige physisch, psychisch und zeitlich, örtlich oder beruflich nicht in der Lage sind, eine Betreuung zu übernehmen. Seit sich der Mensch aufrichtete, um auf zwei Beinen schneller zu sein, seitdem muss er auch Stürze hinnehmen. Die Worte „gehen", „stürzen" „Verletzung" und „Pflege" liegen nah beieinander.

Regelmäßiges Balancetraining und eine Muskelstärkung sollten jedem betagten Menschen und ganz besonders Parkinson-Betroffenen ein Anliegen sein. Damit können Stürze und Verletzungen weitgehend vermieden werden.

Typische Sturzauslöser sind Glätte und unpassendes Schuhwerk. Bodenunebenheiten und Stolperfallen wie Teppiche und Gegenstände am Boden. Auch größere Gegenstände, die man vor sich trägt, können durch die Blickfeldeinschränkungen (toter Blickwinkel) einen Sturz auslösen.

In diesem Zusammenhang sei hier auf die großartige Aktion **„Trittsicher & aktiv"** der **Österreichischen Gesundheitskasse** [32] hingewiesen. Die ÖGK bietet für ältere Menschen zur Prävention gegen die Sturzgefahr ein spezielles Programm an. In Zusammenarbeit mit den Gemeinden werden Gratis-Kurse angeboten. Auch Broschüren und Videos mit gezielten Übungen sind erhältlich (zumindest bis zum Stand 2022).

Parkinson – ich gehe viel und mein Körper dankt es mir.

ACHTUNG: Lachen gefährdet deine Krankheit

Ein Malerlehrling soll die Straßenmarkierungen erneuern.

Am ersten Tag schafft er mehr als zwei Kilometer, am zweiten Tag nur 500 Meter und am dritten sogar nur noch 200 Meter.

Der Chef tadelt ihn: „Du wirst von Tag zu Tag langsamer".

Der Lehrling: „Der Weg zum Farbeimer wird jeden Tag länger."

---

[32] Die **ÖGK** (Österreichische Gesundheitskasse) ist seit geraumer Zeit der Zusammenschluss aller österreichischen Gebietskrankenkassen (GKK).

Kapitel 17
„Es gibt immer was zu tun“

Täglicher Therapieplan

- ✓ BIG-Übungen
- ✓ Kraftübungen
- ✓ Balancetraining
- LOUD für die Stimme
- 8.000 Schritte
- Gehirn-Jogging
- Feinmotorik
- MOTOmed
- ...

Erledigt, aber es gibt
immer was zu tun.

„Der größte Feind des Fortschritts ist nicht der Irrtum, sondern die Trägheit.“

Henry Thomas Buckle
englischer Historiker

Mit Werbung wird versucht, Aufmerksamkeit zu erreichen. Die Wirtschaft bewirbt ein neues Produkt, damit die Zielgruppe davon erfährt, dass ein neues Ding das Leben einfacher, besser oder schöner machen kann. Doch auch eine längst im Handel befindliche Ware braucht immer wieder neue Kaufanreize. Dann wird zum Beispiel versprochen, dass ein Waschmittel weißer wäscht als weiß.

Werbung ist auch für den Dienstleistungssektor wichtig. Da kann die besagte Firma versprechen, schneller und billiger zu liefern oder fachkundig Reparaturen durchzuführen. Vereine werben um Mitglieder und politische Parteien um die Wählergunst. Wobei bei Letzteren neben leeren Phrasen oft eine schmutzige Abart von Werbung ins Spiel kommt. Statt mit konkreten Aussagen um Zustimmung für die politische Linie zu werben, wird versucht, eine andere Partei schlechtzumachen.

Sogar im zwischenmenschlichen Kontakt setzt man Werbung ein. Ein junger Mann versucht mit mehr oder minder geistvollen Anmachsprüchen das Objekt seiner Begierde zu beeindrucken.

Je nach Originalität, Auftreten und sonstiger Begleitumstände hat der Werber mit dem Spruch *„Schöne Frau, darf ich Sie auf etwas aufmerksam machen?“* vielleicht Erfolg. Sofern die Angebetete sich nicht gleich abwendet, kann der auf Brautschau Gehende mit dem ganz neuen Nachsatz *„Nämlich auf mich!“* hoffen, dass das Gegenüber sich von seiner Werbung beeindrucken lässt.

Den Werbestrategen gelingt es oft, zündende Slogans in unser Unterbewusstsein zu platzieren. Pointierte Sprüche finden dann oft Aufnahme im alltäglichen Sprachgebrauch und werden damit zum Synonym für alltägliche Themen. Der geniale Slogan eines Bau- und Gartencenters, der auch dieses Kapitel benamst, *„Es gibt immer was zu tun“*, ist nicht nur für die vielen Tätigkeiten in Haus und Garten gültig. Dieser Spruch trifft in allen Bereichen des Lebens zu. Eltern von Kleinkindern können ein Lied davon singen, Pflegekräfte in unterbesetzten Krankenhausstationen ziehen nach Dienstschluss stöhnend Bilanz ihrer Tätigkeit und Wirtsleute beklagen die viele Arbeit, weil sie nicht genügend Personal finden.

Wer an Parkinson erkrankt ist, spürt den Mangel an Dopamin an allen Ecken und Enden seines Körpers. Wobei die Krankheit fortschreitend ist und sich der gesundheitliche Zustand verschlechtert. Damit zumindest der tägliche Zustand erträglich ist, sind regelmäßig Medikamente zu schlucken. Doch das Voranschreiten der Krankheit kann nur der Betroffene selbst beeinflussen. Für alle körperlichen Parkinson-Baustellen gibt es Therapien und Übungen, um mit Konsequenz den Verlauf der Krankheit zu verlangsamen. Da trifft nun der Spruch *„Es gibt immer was zu tun“* vollinhaltlich zu.

Ein weit hergeholter Vergleich lässt sich von der Straßenerhaltung ableiten. Wenn eine Straßenverwaltung laufend die kleinen Schäden ausbessert, dann sind die vielen Baustellen zwar lästig, aber die Straße bleibt zumindest eingeschränkt befahrbar. Ohne diese kleinen Sanierungsmaßnahmen droht jedoch eine viel aufwendigere Totalsanierung mit weitflächigen Umleitungen.

Dieses Beispiel soll veranschaulichen, dass bei Parkinson laufend die körperlichen Schäden, die die Erkrankung verursacht, in Form von Therapie und Bewegung „repariert“ werden sollten.

Einige typische Parkinson-Baustellen:

- Zunehmende Langsamkeit
- Kleiner werdende Schrittlänge
- Instabiler Gang und Geh-Unsicherheit
- Gleichgewichtsstörungen und Sturzgefahr
- Verstärktes Zittern
- Steife Gelenke und verkrampfte Muskeln
- Haltungsprobleme (Rundrücken)
- Rücken- und Schulterschmerzen
- Feinmotorische Schwierigkeiten
- Leise und unartikulierte Sprache
- Schluckbeschwerden
- Depressive Verstimmungen und Antriebslosigkeit

Zusätzlich zu den therapeutischen Übungen ist auch die körperliche und geistige Bewegung zu nennen. Sowie eine aktive und sportliche Lebensführung. Besonders gut geeignet sind Schwimmen, Wassergymnastik, Wandern oder Nordic Walking, weil dabei Beweglichkeit, Gleichgewichtsvermögen, Kraft, Körperhaltung und Koordination trainiert werden.

Mit Vorbehalt kann auch Radfahren dazugehören, aber nur, wenn die Balancefähigkeit dafür noch gegeben ist. Weiters zählen auch andere Sportarten dazu, die Körperkontrolle, Reaktionsfähigkeit, Konzentration und Beweglichkeit verlangen. So wie Golf, Tennis, Tischtennis, Tischfußball (Wuzeln), Dartspiel, Bogenschießen, Billard und andere sportliche Betätigungen dazu beitragen, die körperlichen Fähigkeiten zu erhalten.

Zwei sportliche Themen, Boxen und Klettern, würde man nicht unbedingt als Parkinson-Therapie einstufen – und doch ist es so. Beide Sportarten haben in Studien beachtliche Erfolge gezeigt.

Mit einer sportlichen Betätigung steigt nicht nur die körperliche Fitness und Beweglichkeit, es kommt auch zu einer erhöhten Sauerstoffsättigung im Blut, was dann auch die Vitalität fördert. Mit der gewonnenen Lebenskraft und Lebensfreude wird der Erkrankungsverlauf verzögert.

Bei einem intensiven Training und bei sportlichen Erfolgen werden auch Endorphine, Dopamin und Serotonin ausgeschüttet. Damit erlangt man ein mentales Wohlempfinden, verspürt ein Glücksgefühl und hebt die Schmerzgrenze. Zusätzlich steigt die Konzentration und die geistigen Fähigkeiten werden verbessert.

Leistungssportler empfinden den Zustand in ähnlicher Weise, wie es beim Konsumieren von Rauschgift zu spüren ist. Sportliche Erfolge müssen aber nicht nur Wettkampfsiege sein. Auch das Erreichen eigener Ziele sind Erfolge und Siege – über sich, über den inneren Schweinehund[33] und über die Krankheit.

Die Aussicht auf das Glücksgefühl, wenn das gesetzte Ziel erreicht wird, und auf eine Extra-Portion Dopamin für den Körper sollten Ansporn zu mehr Bewegung sein.

Vermeiden sollte man aber Sportarten mit Leistungsdruck oder eine Überanstrengung bei der sportlichen Betätigung. Das wäre kontraproduktiv und würde sich ähnlich negativ wie Stress auswirken. Auch auf Sportarten mit erhöhter Sturzgefahr wie Skifahren sollte man verzichten.

Eine zentrale Baustelle ist die Muskelkraft. Es liegt in der Natur, dass die Muskelmasse im Laufe der Zeit abnimmt, wenn die Muskeln nicht gefordert werden. Das kennt man bei bettlägerigen oder bewegungsarmen Personen, dass dann die Instabilität zunimmt. Dieses Thema trifft auch bei Parkinson-Patienten zu, wenn die Beweglichkeit abnimmt.

Ein regelmäßiges Krafttraining sollte generell am Programm stehen und ist die Basis für die körperliche Fitness. Ein Krafttraining kann per Arztverschreibung mit Physiotherapeuten absolviert werden oder in einem Fitnesscenter mit Beratung eines Sport- oder Fitnesstrainers. Es gibt auch eine Reihe von Übungen ohne Geräte für ein Krafttraining mit dem Eigengewicht.

---

[33] Für die Jagd auf Schweine wird ein speziell abgerichteter Hund eingesetzt. Im Sprachgebrauch spricht man vom „Überwinden des inneren Schweinehunds“, um endlich hinausgeschobene oder unangenehme Tätigkeiten zu erledigen.

An dieser Stelle sei auf das nächste Kapitel hingewiesen. Dort gibt es eine gewisse Auswahl an Themen und Maßnahmen für Therapie, Beweglichkeit und Entspannung. Diese zum Teil therapeutischen Anwendungen und Übungen helfen bei regelmäßiger Anwendung, dass die Fähigkeiten erhalten oder verbessert werden. Damit kann der Krankheitsverlauf abgeflacht werden und die Auswirkungen der Symptome belasten das Leben nicht mehr so stark.

Parkinson – ich kenne alle Körperbaustellen und saniere sie.

ACHTUNG: Lachen gefährdet deine Krankheit

Bei den Weltmeisterschaften im Hammerwerfen sind je ein Amerikaner, ein Russe und ein Italiener im Finale.

Der Amerikaner wirft den Hammer auf 84,22 Meter. Er jubelt und wird nach seiner Form gefragt.

„Ich bin Holzfäller und auch mein Vater und mein Großvater waren Holzfäller. Deshalb bin ich so stark."

Der Russe wirft das Sportgerät auf 85,43 Meter. Er jubelt und sagt zu den Journalisten: „Ich bin Bergarbeiter, so wie mein Vater und der Großvater und daher kommt meine Kraft."

Der Italiener wirft den Hammer ohne Anstrengung auf unglaubliche 90,04 Meter. Neuer Weltrekord. Nach dem Jubel wird er nach seinem Geheimnis gefragt.

„Ach, wissen Sie, das ist nicht so schwer.

Mein Vater ist arbeitslos und auch mein Großvater war arbeitslos. Beide sagten immer zu mir: ‚Bub, wenn dir jemand einen Hammer in die Hand drückt – dann wirf ihn, soweit du nur kannst von dir weg.'"

Kapitel 18
„Darf es ein bisschen mehr sein?“

„Das Heute ist morgen schon das Gestern –
also nutze heute den Tag, es ist der wichtigste Tag für morgen.

Walter Ondrich, Autor und Parkinson-Patient
für alle, die mit der Krankheit leben (müssen)

Mit viel Disziplin und Konsequenz kann ein Patient mit gezieltem Training körperlich und geistig weitgehend beweglich bleiben und den Krankheitsverlauf von Parkinson verlangsamen. Damit wird auch die mentale Verfassung verbessert. Die nachfolgenden Übungsanregungen sollen aufzeigen, wie das gelingen kann. Die Liste erhebt jedoch keinen Anspruch auf Vollständigkeit.

BIG-Übungen von LSVT

Meiner Meinung nach sind die acht Übungen der BIG-Therapie das beste Übungsprogramm für Parkinson. Damit können eine Reihe von Parkinson-Problemen therapiert werden:

- Bewegungsumfang mit großen Bewegungen erhalten
- Verlangsamung der Bewegungen verhindern
- Erhalt der Schrittlänge nach vor, seitwärts und zurück
- Körperbiegung und Drehung gegen die Muskelsteifigkeit
- Balance und Stabilität verbessern
- Regelmäßiges Training erhält die Muskelmasse
- Aus der Sitzposition aufstehen

Die BIG-Übungen[34] sind evidenzbasiert. Von Evidenzbasierung spricht man im Gesundheitsbereich, wenn ein nachgewiesener Zusammenhang oder eine nachgewiesene Wirksamkeit vorliegt. Die einzelnen Bewegungen sollen dabei so energievoll wie möglich bis zur persönlichen Bewegungsgrenze ausgeführt werden.

Die tägliche BIG-Therapie erfordert einen Aufwand von 20 bis 30 Minuten. Die Zeit ist jedoch gut investiert, denn der Nutzen dieser Übungen ist für den Erhalt der Beweglichkeit groß – also „BIG"!

Nach dem Frühstück und der Morgentoilette beginnt mein Alltag erst nach dem BIG-Training. Diese Zeit nehme ich mir und nur in ganz wenigen Ausnahmefällen musste sie ausfallen. Seit der ersten Reha vor sechs Jahren habe ich sie zweitausendfach (99 %) durchgeführt.

Morbus Parkinson gönnt sich keinen freien Tag. Darum hat BIG auch im Urlaubsgepäck Platz. Außergewöhnlich waren die morgendlichen Übungen jedoch in der engen Kabine eines Fährschiffes bei einer nächtlichen Überfahrt von Genua nach Sizilien. Die Balance auch auf dem schwankenden Schiff zu halten, war eine zusätzliche Herausforderung.

Zu den „großen Übungen", wie die BIG-Therapie oft genannt wird, ist es ratsam, noch weitere und spezielle Übungen in den Tagesablauf einzubauen. So bleiben die körperlichen Fähigkeiten erhalten und krankheitsbedingte Auswirkungen werden dadurch minimiert. Den Lohn für konsequent durchgeführte Übungen findet man in einer besseren Lebensqualität.

Gleichgewicht, Stabilität & Balance trainieren

Damit der Mensch aufrecht und stabil sitzen, stehen und gehen kann, braucht er gute körperliche Voraussetzungen. Dazu gehören eine starke Muskulatur und belastbare Gelenke.

---

[34] Die Therapie „LSVT-BIG" kommt aus Amerika. „BIG" bedeutet auf Deutsch „groß" und groß sollten die Bewegungen auch ausgeführt werden.

Ganz wichtig ist jedoch ein gut trainierter Gleichgewichtssinn mit ausgeprägter Balancefähigkeit und einer feinen Sensorik. Dieses Thema begleitet uns bei allen Tätigkeiten im Alltag und das meist unbewusst.

Für ältere Menschen ist ein Gleichgewichtstraining sehr zu empfehlen, denn zu oft kommt es mangels Balancefähigkeit zu Stürzen. In diesem Zusammenhang möchte ich nochmals auf die ÖGK-Aktion „Trittsicher & aktiv" hinweisen (siehe Kapitel 16).

Einige Beispiele sollen aufzeigen, was man im Alltag für die Balance tun kann oder wie man mit speziellen Übungen zu mehr Stabilität gelangt.

Stabilität mit dem Einbeinstand

Das ist die einfachste, aber sehr effektive Übung und sie kann ideal in den Alltag integriert werden.

Wenn man zum Beispiel beim Zähneputzen oder bei Arbeiten beim Tisch auf einem Bein steht, wird zugleich Muskulatur und Stabilität gestärkt. Verbessert werden dabei auch die kognitiven Fähigkeiten.

Variante: Zehenspitzenstand oder/und Pendelbewegungen mit dem abgewinkelten Bein

Geh- und Stehstabilität

Einen Fuß unmittelbar vor den anderen stellen und die Balance halten. Diese Übung ist schon schwieriger und kann noch gesteigert werden, indem man dabei die Augen schließt oder wenn man auf einem weichen Untergrund trainiert. Vorsicht: Sturzgefahr!

Wer mit Wanderstöcken geht, fühlt sich sicherer und die Beingelenke werden entlastet. Mit diesem Vierfachantrieb steigert man auch die Gehstrecke und Gehgeschwindigkeit. Aber hin und wieder auf unebenen Wald- oder Wiesenwegen ohne Stöcke zu gehen, fördert die Geh-Eigenschaften und trainiert den Gleichgewichtssinn, weil man gezwungen wird, die Füße zu heben.

Intensives Balancetraining

Auf Wackelplatten, Luftpolstern oder weichen Gymnastikmatten kann man die Balance intensiv trainieren. Das fordert den Gleichgewichtssinn und die Reaktionsfähigkeit stark heraus. So ist man auch auf vereisten Straßen und unebenen Wegen sicherer unterwegs.

Wenn man beim Balancetraining zusätzlich auch noch händische oder geistige Übungen durchführt, steigert man die Intensität und die Wirkung. Man hat dann zwei Übungen zeitgleich absolviert und damit werden die kognitiven Fähigkeiten verbessert.

Beispiele aus meinem Balancefundus: auf zwei Luftpolstern stehend jonglieren oder die Beweglichkeit mit den Smovey®-Ringen erhalten. Eine intensive Kraft/Balance-Übung ist zum Beispiel, wie ein Skifahrer in Hockstellung auf den Luftpolstern zu stehen und eine bis mehrere Minuten auszuharren. Beim Tisch auf Luftpolstern stehend ein Logikrätsel zu lösen, aktiviert und stärkt auch die Tiefenmuskulatur. Tipp: kreativ und aktiv sein!

ACHTUNG, STURZGEFAHR!

Das Gleichgewichtstraining ist für Parkinson-Betroffene überaus wichtig. Bei den Übungen ist jedoch in erster Linie die Sturzgefahr zu beachten und die Stabilität zu erhalten.

Im Bereich der Übungen muss es möglich sein, sich festzuhalten und abzustützen. Dafür können Tisch und stabile Sessel dienen. Zu empfehlen sind auch fix montierte Haltegriffe an der Wand. Sie sind auch im Alltag wertvoll.

Sehr wertvoll ist auch ein Vier-Fuß-Stock, mit dem man viel Geh- und Stehstabilität hat, zum Beispiel beim Aufstehen, und dieser fällt nicht um.

Es gibt auch spezielle Hüft- und Kniepolster oder Handgelenks-Orthesen, die im Fall eines Sturzes Verletzungen verhindern können.

Geh- und Schritttraining

Für das Gehen muss man in unserer motorisierten Zeit Werbung machen. Einige Wohlstandserkrankungen könnten mit mehr Bewegung vermieden werden. Für mich war und ist das Gehen die natürlichste Bewegungsart und eine Leidenschaft. Viele meiner Wege erledige ich zu Fuß und auch Erholung und mentale Energie schöpfe ich aus der Kraft des Gehens. Gehen ist für mich auch eine meditative Quelle, aus der viele meiner Ideen entsprungen sind.

Meine Leidenschaft zum Gehen gipfelte in meinem Lebensziel, die 3.000 Kilometer lange Pilgerstrecke entlang des Jakobsweges zu gehen, was mir dann auch gelungen ist.

Ich bin stolz, wenn es mir gelingt, zu Fuß von A nach B zu kommen, wenn auch heute langsamer als früher. Zu einem gelungenen Urlaub gehört für mich auch, wenn ich das Auto während des Aufenthalts nicht verwendet habe. Man kann so viele Strecken zu Fuß beschreiten und wenn es möglich ist, fahre ich nicht mit einem Lift oder mit einer Rolltreppe. Treppensteigen ist eine der einfachsten Möglichkeiten, die Beinmuskulatur zu stärken.

Vielleicht ist es nachvollziehbar, dass der Schock und der mentale Absturz nach der Selbstdiagnose Morbus Parkinson sehr groß waren. Denn mit der Gewissheit, dass meine Gehleidenschaft massiv darunter leiden wird, musste ich erst lernen, damit umzugehen.

So bin ich bestrebt, mir meine Gehfähigkeit so gut wie möglich zu erhalten. Doch die früher ausgreifende Schrittlänge wurde in den Parkinson-Jahren leider schon kürzer. Dafür hat sich die Schrittfrequenz erhöht. Somit tendiert meine Gehfähigkeit bereits Richtung Zappelschritt (kurze und dafür schnelle Schritte) und das schwankend – auch ohne Alkohol.

Gangunsicherheit und Sturzgefahr sind typische Parkinson-Probleme. Durch den Dopaminmangel ist die Muskulatur verkrampft und die Beweglichkeit eingeschränkt. Zum typischen Bild eines Parkis gehört der schlurfende Gang, ohne die Beine zu heben. Im Alltag wird man dort gehen, wo die Stolpergefahr gering ist. Mehr Sicherheit beim Gehen erlangt man aber auf Wegen mit natürlichen Unebenheiten und Hindernissen, weil man die Füße heben muss.

Die Geheigenschaften und die Schrittlänge lassen sich oft „spielerisch" verbessern. Man braucht nur Kindern zuzuschauen. Kinder lieben es, auf Wegbegrenzungen zu balancieren oder entlang von Längslinien zu gehen. Spielerisch vermeiden sie es, auf Bodenfugen und Risse zu treten. Damit ist es erforderlich, dass man unterschiedlich lange Schritte macht, was den Parkinson-Trott unterbricht und das Zappeln nicht zu stark werden lässt.

Auch Zeichnungen für Tempelhüpfen, mit denen Kinder ihre Fähigkeiten spielerisch erwerben, können für ein Schritttraining nützlich sein. Man muss den Parcours nicht hüpfend absolvieren. Es reicht, wenn man die Schritte nach vor, seitlich und zurück normal setzt. Es ist aber eine ideale Möglichkeit, die Balance, die Schrittlänge, das Ausweichen oder Umkehren zu trainieren. Dafür muss man nur den Plan mit einem Krepp-Klebeband auf ebenem Boden markieren.

Geh-Training mit Hindernisparcours

Mit einer kleinen Gehstrecke und künstlichen Hindernissen lässt sich ein gutes Gehtraining durchführen. Dafür kann man als Hindernis ein gefaltetes Blatt Papier aufstellen. Vorhandene Fugen oder aufgeklebte Markierungen können für einen „Seiltanz" genutzt werden. Große und ungenützte Bücher könnten als Treppen-Ersatz dienen. Sei kreativ und aktiv.

An einer Stelle könnte der Blick bewusst auf die Seite gelenkt oder ein Gegenstand vom Boden aufgehoben werden. Man kann auch sitzend oder stehend und mit hoch ausgestrecktem Arm auf eine Schreibfläche große Figuren und Buchstaben schreiben oder Rechenaufgaben lösen. Als Schreibtafel kann ein alter Wandkalender nützlich sein. Mit diesen Übungen bewegen wir uns schon im Bereich der ERGO-Therapie[35].

---

[35] Bei der **Physiotherapie** (früher „Krankengymnastik" genannt) werden mit speziellen Trainingsprogrammen die Muskelfunktionen, die Gelenksbeweglichkeit und die Balance verbessert. Die **Ergotherapie** aktiviert körperliche Fähigkeiten, die durch Krankheit oder Verletzung verlorengegangen sind. Das umfasst die Gehfähigkeit, das Gleichgewicht, die Feinmotorik und geistige Fähigkeiten.

Krafttraining

Ohne körperliche Belastung oder sportliche Betätigung verliert der Mensch bis zum 50. Geburtstag etwa 10 % seiner Muskelmasse und der Abbau verstärkt sich im zunehmenden Alter. Das kann ein regelmäßiges Krafttraining (2 x pro Woche) verhindern und bei Steigerung der Intensität wird Muskelmasse aufgebaut.

Ein therapeutisches oder sportmedizinisch betreutes Krafttraining wird auch von Ärzten und Therapeuten empfohlen. Einige parkinsönliche Symptombeschwerden können vermieden oder verbessert werden. Ein Körper mit einer gut trainierten Muskulatur ist leistungsfähiger und kräftiger. Damit wird die Stabilität gestärkt und das Sturzrisiko vermindert. Zusätzlich kann eine gestärkte Muskelmasse im Falle eines Sturzes Knochenbrüche verhindern. Die Knochenstruktur wird auch gestärkt und somit die Osteoporose-Gefahr verringert.

Krafttraining kann in Fitnesszentren mit individuellen Einzelgeräten durchgeführt werden oder auch mit automatisierten und überwachten Zirkeltrainingsgeräten. Krafttraining kann man auch zu Hause mit Eigengewichtsübungen[36] durchführen.

Auch dehnbare Fitnessbänder eignen sich gut für ein Bewegungs- und Krafttraining. Wichtig ist jedoch, regelmäßig und konsequent zu trainieren.

Eine Warnung mit Augenzwinkern: Mit Zunahme der Muskelmasse steigt auch das Körpergewicht.

Gymnastik und Sitzgymnastik

Es gibt eine Vielzahl an Übungen, die die Beweglichkeit fördern, den Körper stärken und die Muskeln lockern. Hier soll eine kleine Auswahl an Gymnastikübungen beispielhaft erwähnt sein, denn dieses Buch soll kein Therapieratgeber sein. Dazu fehlen mir der therapeutische Background und die entsprechenden Ausbildungen.

---

[36] Bei einem Eigengewichtstraining wird hauptsächlich das Körpergewicht als Widerstand und Gewicht genutzt. Beispiele sind Liegestütze und Kniebeugen.

Beckenbodengymnastik, **Funktionsgymnastik**, **Physiotherapie** (Krankengymnastik), **Pilates**, **Wassergymnastik**, **Wirbelsäulengymnastik**, **Seniorengymnastik** sowie **rhythmische Gymnastik**.

Im antiken Griechenland hatte Turnen einen großen Stellenwert. Gymnastik, wie man die Leibesübungen nannte, wurde hauptsächlich von Männern der oberen Gesellschaftsschicht zur Körperertüchtigung betrieben.

So wie es schon die Hellenen erkannten, dass Körper und Geist gemeinsam gefordert werden müssen, so praktizierten es auch die Römer. Die lateinische Redensart des **Dichters Juvenal** *„Mens sana in corpere sano“* (ein gesunder Geist in einem gesunden Körper) hat sich bis in die Gegenwart erhalten. Wobei die Redewendung ursprünglich mit *„Orandum est, ut sit …“* begann, was bedeutete: *„Beten sollte man darum, dass ein gesunder Geist in einem gesunden Körper sei“*.

Bezogen auf die Parkinson-Erkrankung kann und sollte jeder Parki diese Grundeinstellung zum therapeutischen Schlüssel für ein „bewegtes“ Leben mit der chronischen Krankheit wählen.

Tanzen

Tanzen kann viele Beeinträchtigungen, die Parkinson verursacht, verbessern. Das bestätigen zahlreiche Studien. Dabei ist es egal, ob es sich um einen gefahrlosen und gelenkschonenden Sitztanz, einen klassischen Partnertanz oder vielleicht um choreografische „Line Dance“-Formationen in Reih und Glied handelt. Es geht um rhythmische Bewegungen zur Musik. Besonders mit Tangotanzen können gute Erfolge erzielt werden. Aber auch Foxtrott und Walzer eignen sich für eine Tanztherapie.

Tanz verbessert die **Motorik** und **Balance**. Tanz fördert auch die **Beweglichkeit** und eine aufrechte **Haltung**, wirkt sich positiv auf die **Psyche** aus, stimuliert die **geistigen Fähigkeiten** und erfüllt die **sozialen Bedürfnisse**. Außerdem fördert Tanz die **Kreativität** und das **Selbstbewusstsein**. Die Musik und die schwingenden Bewegungen fördern auch die **Lebensfreude**.

Klettern

Das therapeutische Sportklettern ist für mich immer ein besonderes Reha-Highlight. Wenn man sich gut gesichert in der Wand befindet und sich konzentriert von Griff zu Griff hochkämpft, dann gibt es kein Parkinson mehr. Man ist fokussiert mit der Schuhspitze einen festen Stand auf einem kleinen, gewölbten Vorsprung zu erlangen und dabei mit dem Körper nahe der Wand zu bleiben, denn sonst ist die Schwerkraft stärker als die Kraft der Hände und Arme. Dann streckt man sich und greift hoch zum nächsten Griff, der mit einer leichten Mulde geeignet ist, dass die Fingerspitzen das Körpergewicht halten können, damit der andere Fuß zur nächsten Aufwölbung hochsteigen kann und wieder einen Stand findet.

Beim Erreichen des obersten Griffes der 11 m hohen Kletterwand flutet dann eine Welle von Endorphinen durch den Körper und der Siegesschrei gellt durch die Halle.

Mit Klettern wird der gesamte Körper gefordert, von den Zehenspitzen bis zum Kopf. Dazu natürlich körperliche, aber auch mentale Kräfte notwendig. Es kommt auch auf die Flexibilität und den Bewegungsumfang an. Welche Streckung lässt der Körper und die Gelenke noch zu, wie stabil ist der gesamte Körper und wie gut kann der Patient das Gleichgewicht halten? Im Zusammenspiel aller Kräfte und Fähigkeiten werden auch die Kognitionen gestärkt.

Sollte aber in der Wand die Kraft nachlassen oder der Standfuß keinen Halt mehr haben, dann hängt man wie ein zappelnder Fisch an der Angel, oder besser gesagt am Sicherungsseil und wird langsam zu ebener Erde abgelassen.

Boxen als Parkinson-Therapie ist ein Hit

Zugegeben, als ich zum ersten Mal von der Boxtherapie hörte, dachte ich an einen Aprilscherz. Das brutale Boxen soll eine Therapie sein? Es ist schließlich bekannt, dass der legendäre Boxweltmeister Muhammad Ali (früherer Name Cassius Clay) an Parkinson erkrankt war. Experten sehen die Ursache der Erkrankung bei den Kopfschlägen, die er hinnehmen musste.

Die Chance, diese zu dem Zeitpunkt für mich noch absurde Therapie einmal kennenzulernen, ergab sich bei meiner letzten Reha in der Gailtal-Klinik in Hermagor (Kärnten). Schon nach dem ersten Probetraining war ich vom Wert dieser Therapie überzeugt. Beim Parkinson-Boxen geht es nicht darum, im Zweikampf eine Person zu treffen, sondern um mit den schnellen Bewegungsabläufen Körper und Geist zu aktivieren.

Es geht einmal um die Schrittkoordination und Körperkontrolle bei wechselnden Abständen und Fußstellungen im Angriff oder beim Rückzug. Dann müssen die Fäuste zur Deckung vor dem Gesicht hochgehalten werden und aus dieser Grundstellung erfolgen die Boxschläge auf den Boxsack oder auf die gepolsterten Hand-Pads des Trainers/Therapeuten. Die eingelernten Schläge und Schlagkombinationen sollen im richtigen Abstand (gestreckter Arm) und mit raschen Bewegungen erfolgen. Zugleich müssen die Reaktionen des „Gegners" beachtet werden, um unter den Gegenschlägen abzutauchen.

Somit ist Boxen ein Ganzkörpertraining, bei dem Kraft und Ausdauer gefordert ist und die Bewegungsfähigkeit verbessert wird. Diese Sportart trainiert die Reaktionsfähigkeit und fordert auch die Hand-, Bein- und Augenkoordination. Durch die neuen Bewegungsmuster und kognitiven Leistungen entstehen im Gehirn neue Nervenstränge und das verbessert auch die Hirnleistung.

In den halbstündigen und intensiven Therapieeinheiten wurde ich ganzheitlich gefordert. Ein Hochgefühl durch den Ausstoß von Endorphinen war die Folge. Es war ein Punktsieg gegen Parkinson. Nun geht es darum, wie und wo ich diese Trainingsart auch im Alltag praktizieren kann, dann kann Parkinson was erleben.

Finger- und Motorikübungen

Natürlich sind auch die Finger von Parkinson betroffen, schließlich hat jede Hand 30 Muskeln, die in ihrer Motorik durch Tremor und Rigor eingeschränkt sind. Das Zittern der Arme, Hände und Finger sind die auffallendsten Anzeichen dafür und können den Alltag des Betroffenen schwer belasten.

Auch die mangelnde Feinmotorik hat die Krankheit am Gewissen. So einfache Verrichtungen wie ein Hemd zuzuknöpfen, Maschen mit den Schuhbändern zu binden oder beim Essen das Besteck zu halten, geraten oft zu einer Herausforderung. Diese Verrichtungen verlangen oft viel Geduld und Konzentration. Kleingeld an der vollen Supermarktkassa aus der Geldtasche zu kramen, wird zum Spießrutenlauf.

Auch die Unterschrift entspricht nicht mehr der langjährigen Signatur, weil der Schwung weg ist und unnötige Hacken das Bild verunzieren. Im Übrigen ist mein immer kleiner werdendes Gekrakel oft nicht mehr zu lesen. Mit dem Schreiben am Computer ist es auch ein „Gfrett“[37], wie an anderer Stelle berichtet.

Die ERGO-Therapie hat bei der Reha einen fixen Platz und viele Übungsmöglichkeiten bieten sich an. Von Steckspielen, über Greifübungen bis hin zu Handschrifttraining und vielem mehr. Mit Kreativität und Spielzeug von Kindern findet man viele Möglichkeiten, die Motorik zu erhalten.

Tipp: Dem Kartenspiel als ERGO-therapeutische Maßnahme ist noch ein eigenes Kapitel gewidmet.

Entspannung

Wenn Körper und Geist gefordert werden, dann sind auch Phasen der Ruhe und Entspannung nötig. Die natürliche Form der Entspannung ist der Schlaf und ihm ist in Folge ein spezielles Kapitel gewidmet. Wenig Schlaf, ständige Anspannung und Druck verursachen dem Körper Stress. Die Folgen sind Muskelverkrampfung mit motorischen und psychischen Auswirkungen auf Körper und Seele. Zusätzlich sind bei Parkinson die Muskeln auch im Schlaf angespannt und das führt zu REM-Schlafstörungen mit Überbewegung und Schreien.

Für die körperliche, geistige und psychische Entspannung gibt es eine ganze Palette von verschiedenen Entspannungstechniken.

---

[37] „**Gfrett**“ ist ein umgangssprachlicher Begriff für Anstrengung, Plage und Ärger.

Dazu zählen unter anderem Atemtechniken, autogenes Training, Progressive Muskelentspannung nach Jacobson, Meditation, die Feldenkrais-Methode, Massagen und Bäder. Diese kurze Aufzählung ist beispielhaft angeführt und erhebt keinen Anspruch auf Vollständigkeit.

Mit folgenden Entspannungsmethoden habe ich schon gute Erfahrungen gemacht und sie haben auch in unserer Selbsthilfegruppe Anklang gefunden.

Entspannung mit Qigong

Qigong (Qi = Lebensenergie, Gong = arbeiten oder üben) ist eine chinesische Meditations-, Konzentrations- und Bewegungsform für Körper und Geist.

Die Übungen bestehen aus sehr sachten, meist langsamen und fast „zeitlupenartigen" Bewegungen, gepaart mit der entsprechenden Atemtechnik. Unzählige Übungsabfolgen fördern die Aufmerksamkeit, steigern die Beweglichkeit und die Konzentration auf die innere Balance. Mit der bewussten Atmung wird das Fließen der Lebensenergie, das Qi angeregt.

Qigong ist eine hocheffiziente Methode zu einer ganzheitlichen Lebenshaltung.

„Wer seine Lebenskraft täglich erneuern will,
und es versteht, alle hinderlichen Einflüsse zu überwinden,
ist wahrhaft fähig, sein Leben richtig zu leben."

Lü Buwei oder Lü Bu We, ca. 300 bis 235 v. Chr

Vielfältig sind die positiven Auswirkungen von Qigong auf Körper, Geist und Seele. Die fließenden Bewegungen sind viel mehr als Gymnastik, denn sie verbinden bewusst Bewegung, Atmung und Konzentration. Qigong ist die logische Konsequenz der Kernaspekte der Traditionellen Chinesischen Medizin (TCM):

„Es ist besser, die Gesundheit zu erhalten, als Krankheit zu heilen."

Die Übungen sind ein natürlicher Weg, Körper, Geist und Seele im harmonischen Gleichgewicht zu halten und den Menschen in Einklang mit sich selbst und seiner Umwelt zu bringen.

Mit Qigong schlägt man die typische Parkinson-Verlangsamung mit den eigenen Waffen. Mit den entspannenden Qigong-Übungen und den schnellen und weiten Bewegungen der BIG-Therapie stehen zwei wertvolle Techniken für den Parkinson-Kampf zur Verfügung – Bewegung und Entspannung!

Entspannung mit Yoga

Das Wort „**Yoga**" kommt aus Indien und bedeutet so viel wie „Einigung, Einheit und Harmonie". Darin liegt auch die Kraft dieser Geisteshaltung. Die Jahrtausende alten Lehren betrachten den Körper gesamtheitlich. Mit einer Reihe von Übungswegen wird die Körperkraft gestärkt und mit speziellen Atemübungen wird das seelische Wohlbefinden hergestellt. Damit können sich Körper und Geist vereinen und der Mensch innere Harmonie finden.

Für das Leben mit Parkinson kann Yoga eine Erleichterung bringen. Der Tremor schafft Stress, weil das Zittern der Hände nicht unter Kontrolle zu bringen ist und zu peinlichen Situationen führt.

Mit dem Rigor ist die Muskelsteifigkeit verbunden. Sie schränkt die Beweglichkeit ein und schmerzhafte Muskelverspannungen sowie Krämpfe verleiden den Alltag.

Die Bradykinesie führt zu einer sichtbaren Verlangsamung der Bewegungen. Sie verschlechtert Mimik oder führt als Akinese temporär sogar zu einem totalen Bewegungsstillstand.

Die instabile Gangunsicherheit ist für den Patienten belastend. Zum einen, weil die Sturzgefahr erhöht ist und zum anderen, weil der schwankende Gang oder das kleinschrittige Zappeln den Krankheitsstatus öffentlich macht.

Weitere Stressfaktoren belasten die Psyche und das Wohlergehen. Da sind unter anderem eine undeutliche und leise Stimme, Wortfindungsprobleme, Darmträgheit, Reizblase, Inkontinenz und zu guter Letzt noch das Aufkommen von Demenz zu nennen.

Diese beispielhaften Probleme zeigen, dass der Betroffene sich ständig in einem stressigen Zustand befindet, was die Beschwerden verschlechtert. Das kann die Medikamentenwirkung herabsetzen.

So wird auch verständlich, warum Ärzte bei Morbus Parkinson warnen, sich im Alltag zusätzlichem Stress auszusetzen.

Yoga-Übungen bauen Stress ab und fördern das Wohlbefinden.

Entspannung mit Shiatsu

Shiatsu bedeutet „Fingerdruck", kommt aus Japan und ist eine manuelle Therapie. Mit rhythmischem Druck wird auf Energieleitbahnen und Akupunkturpunkten gearbeitet.

Durch eine Tiefenentspannung kann sich der Körper regenerieren. Die Muskeln entspannen sich und mit einer vertieften Atmung wird die Herzfrequenz positiv beeinflusst. Die Folge ist eine meist als sehr tief empfundene Ruhe und Wohlbefinden.

Wie kann Shiatsu bei Parkinson helfen?

Mit dem sanften Bewegen, Rotieren und Dehnen der Arme und Beine wird die Starre der Gelenke und die Verkrampfung der Muskeln gelöst. Der Betroffene fühlt eine tiefe Entspanntheit und Wohlbefinden. Aus eigener Erfahrung kann ich den Effekt so beschreiben: Nach der Shiatsu-Körperarbeit fühlte es sich an, dass der Körper leicht und frei ist. *„Shiatsu verleiht Flügel."*

Entspannung mit Klangmassage

Hören ist einer der menschlichen Sinne. Harmonische Töne können den Menschen beleben oder auch in tiefe Entspannung versetzen. Dagegen können schrille, laute Geräusche verrückt und krank machen. Leider sind wir täglich vielen krankmachenden Geräuschen ausgesetzt. Vom Verkehrslärm über ständige Musikberieselung bis zu ohrenbetäubenden Disco-Lärmquellen in der Nähe.

Vielfach kompensieren Lärmgruppen – Musik kann man die laute Hardcore-Geräuschkulisse nicht nennen – mangelnde Melodik mit schmerzhafter Lautstärke der Bässe. So muss man bei den voluminösen Lautsprechern wahrlich „laut sprechen".

Wie steht es bei Wilhelm Busch geschrieben: *„Musik wird oft nicht schön gefunden, weil sie stets mit Geräusch verbunden."*

Der Wohlklang von Klangschalen erzeugt jedoch wunderbare und langanhaltende Klänge. Diese angenehmen Töne und Vibrationen nutzt man auch in der Klangmassage. Die Resonanzen der Klangschalen können den Parkinson-Patienten zu tiefer Entspannung verhelfen. Im direkten Kontakt zu den verkrampften Muskelpartien lockern Schwingungen die Verspannungen und der Betroffene fühlt erleichtert ein Wohlbefinden.

Entspannung in der Sauna

Der Besuch einer Sauna kann viel Entspannung bringen, egal, welche Wellnessart man bevorzugt – Infrarotkabinen, Biosaunen, Dampfkabinen, bis hin zur finnischen Sauna mit Duftaufgüssen. Die Ruhe eines Saunatages und die Wärme bei den Aufgüssen bringen viel Entspannung.

Mir persönlich bringt das Saunieren eine andere Art der Entspannung. Parkinson beschert mir sehr oft unangenehme Reizblasenattacken, die mir gemeinsam mit der Inkontinenz durch die Schließmuskelschwäche das Leben erschweren. Nach einem Saunabesuch stellt sich zu fast 100 % eine deutliche Besserung des Blasenleidens ein, das bis zu vier Tage anhalten kann. Dabei hängt es nicht mit dem Flüssigkeitsverlust zusammen. Es ist die Wärme, die die Blase entspannt.

Diesen Umstand nutze ich vorbeugend, wenn ich am nächsten Tag von meiner Blase weitgehend in Ruhe gelassen werden will – und die Strategie funktioniert. Dem wird von Ärzten kaum große Bedeutung beigemessen und höchstens mit einem Kommentar beendet – *„Wenn es ihnen guttut, dann tun sie es."*

Parkinson – ich habe genügend Waffen, um dich zu bekämpfen.

ACHTUNG: Lachen gefährdet deine Krankheit

Eine Milchflasche sagt zur anderen: „Hey, du! Wie geht's?"

Die zweite gibt zur Antwort: „Lass mich in Ruhe, ich bin sauer!"

Abschnitt: „Alles Parkinson“

Zum Vergessen

Einst hab' ich noch Hirn besessen
und kaum mal was vergessen.
Doch heut ist das längst vorbei.
Ich hab's vergessen schon auf drei.

Geh ich dann morgens aus dem Haus,
heißt's: „Nichts vergessen?", ach o Graus.
Jetzt kommt wieder der Alzheimer-Check,
denn groß ist schon das geistige Leck.

In der Hose links das Handyphon
ich hab's vergessen mehrmals schon.
Hab' ich auch die richt'ge Brille mit?
Denn zuhause liegen sie herum, zu dritt.

„Ach, herrje", lautet der Suchbefund,
„Wo ist denn nur der Schlüsselbund?"
Die Suche führt an des Wahnsinns Rand,
ich halt ihn fest in der rechten Hand.

„Hast du auch die Tablettendose?"
„Nein, sie ist in der and'ren Hose."
„Du brauchst auch eine Wasserflasche."
„Die passt nicht in die Hosentasche."

„Wo ist mein Börs'l mit dem Geld?"
„Du vergisst mal den Kopf, du Held!"
„Ich muss ins Zimmer, brauch die e-card!"
„Doch nicht mit den Schuhen - wart."

Noch eine Kappe zum Kopfbedecken
und eine Maske zum G'sicht verstecken.
Das wäre alles und ich könnte gehen.
Aber jetzt tun die Füße weh vom Stehen.

Das ganze Tamtam wird mir zu bunt,
das Fortgehen dauert schon a gute Stund.
Ich lass es bleiben, nichts kann mehr stressen.
Warum ich fortgehen wollt? - Ich hab's vergessen!

(Fast ein Tatsachenbericht) / Walter Ondrich © 2022

Kapitel 19
„Trumpf-Ass“

Das Leben ist wie ein Kartenspiel.
Jeden Tag wird das Blatt neu gemischt.
Man muss nehmen, was kommt und mitspielen.

Unbekannter Autor

Beim Kartenspiel gibt es den Begriff „Trumpf“. Die Spielkarten einer ausgerufenen oder aufgelegten Kartenfarbe haben für ein Spiel eine höhere Wertigkeit als die Karten der übrigen Farben (Symbole). So hat der Trumpf-Bube mehr Schlagkraft als ein Ass der anderen Spielfarben. Trumpf-Ass ist dann die stärkste Karte, außer es gibt auch Joker im Spiel.

In den vorigen Abschnitten wurden die wertvollsten Trümpfe im Kampf gegen Morbus Parkinson behandelt. Es sind dies L-Dopa für die medikamentöse Therapie und Bewegung für den Erhalt der körperlichen Fähigkeiten. Nun geht es in diesem Abschnitt um die geistigen und mentalen Trümpfe.

Nicht zufällig wird in diesem Kapitel das Kartenspiel in den Vordergrund gestellt. Im Spiel und speziell im Kartenspiel mit Spielpartnern sind viele therapeutische Ansätze zu finden. Beginnend von der Feinmotorik über die Gehirnleistung bis hin zur psychischen Kräftigung.

Im Mittelalter galt das Kartenspiel als Werk des Teufels, besonders aus kirchlicher Sicht. Wobei alles, was den damals feudal herrschenden Kirchenfürsten als Gottesfrevel missfiel, auch den Unmut der herrschaftlichen Obrigkeit hervorrief. Für das niedrige Volk war das Kartenspiel verboten, weil Falschspiel und Alkohol oft zu Raufereien und Totschlag führten. So wurde in der Kirche von der Kanzel die Spielsucht als Teufelswerk verdammt und eine Verbannung in das Reich der Hölle in Aussicht gestellt. Daher kommt auch der Begriff der „Spielhölle".

Für Kinder ist Spielen nicht nur eine unterhaltsame Beschäftigung. Im Spiel erwirbt man im Kindesalter Fähigkeiten fürs Leben. Das kann man auch im Tierreich beobachten. Junge Tiere erlernen im Spiel überlebenswichtige Fähigkeiten. Die spielerischen Raufereien sind das Rüstzeug für die Kämpfe mit Gegnern und für die Rangfolge bei den Tieren.

Spielerisch lernt ein Kind mit Probieren, Nachahmen und im Rollenspiel die Körperbeherrschung zu erlangen, die Sprache und Ausdrucksmöglichkeiten zu erlernen und die Emotionen auszuleben, aber sie auch zu beherrschen. Ein wichtiger Lernprozess ist die Entwicklung der sozialen Kompetenz und das passiert im Spiel sehr effektiv.

Spielen ist seit jeher auch für Erwachsene eine unterhaltsame Freizeitbeschäftigung und hat einen stressabbauenden und sozialen Effekt. Schon aus der Antike sind Spiele bekannt und das königliche Spiel „Schach" hat heute noch viele Anhänger.

Der Markt hat den Bedarf an unterhaltsamen Freizeitaktivitäten erkannt und bietet ein täglich wachsendes Angebot an vergnüglichen, entspannenden und strategischen Spielen auch speziell für Erwachsene an.

Spiele können das Allgemeinwissen fördern und unterhaltsam, so wie „Activity", bildliche, darstellerische und sprachliche Talente wecken. Das Brettspiel „Scrabble" aktiviert die Gehirnzellen für die Wortfindung. Baukästen mit Anleitungen können motorische Defizite beheben und Puzzles helfen, die räumlichen und bildlichen Wahrnehmungen zu schärfen.

Über die Vorzüge von Spielen könnte man ein eigenes Buch schreiben. Das Thema Kartenspielen ist es jedoch wert, einige Betrachtungen anzustellen, zumal man mit dieser Form des Spielens „spielend" therapeutische Vorgaben erfüllt.

Es gibt unzählig viele Kartenspiele mit verschiedenen Zielen und Kartenanzahl (20 bis 52 Blatt). Geht es bei einigen darum, viele Karten, Punkte oder Stiche zu ergattern, verlangen andere Kartenspiele genau eine gegensätzliche Spielstrategie, um zu gewinnen. Oft wird dabei eine der vier Kartenfarben Herz, Karo (Raute, Schelle, Ringerl), Kreuz (Treff oder Eichel) und Pik (Laub, Gras) zum Trumpf mit erhöhter Wertigkeit erwählt. Zusätzlich kann ein Joker (auch „Jolly" genannt) spielbestimmend eingesetzt werden.

Die unterschiedlichen Ziele und Regeln der Spiele sind entweder so gestaltet, dass möglichst viele Serien von Kartensymbolen, Farben oder Punkte zu sammeln sind. Dann gibt es spannende Spiele mit Stichprognosen oder auch Glücksspiele mit hohem finanziellem Einsatz ohne viel Taktik. Da wird mit Bluff und Spekulation ein hoher Kartenwert vorgetäuscht und der Spieleinsatz in existenzbedrohende Höhen lizitiert, was oft auch zu Falschspiel verleitet.

Mein Favorit ist das „Schnapsen" und da im Speziellen das „Vierer- oder Bauernschnapsen".[38] Dieses Kartenspiel hat mit dem Spielwitz einen hohen Unterhaltungswert und bietet Raum, emotionell und mit Nachdruck über Glück, Pech und Fehler zu debattieren. Da kann auch eine leise Stimme wieder laut werden.

Das Ziel beim Schnapsen ist, mit den ausgeteilten Karten und taktischem oder riskantem Spiel genügend Stiche zu ergattern. Mindestens 66 Punkte sind notwendig, um ein Spiel vorzeitig zu gewinnen. Sonst entscheidet die höhere Punktezahl der gestochenen Karten. Bei Erreichen der Spielsumme verpasst man dem Gegner ein „Bummerl".

---

[38] **Schnapsen** ist in Österreich und Bayern ein beliebtes Kartenspiel. Es gibt das Zweier-, das Dreier- und das Vierer- oder „Bauernschnapsen". Ein „**Bummerl**" ist ein dick gemalter Kreis am Schreibblock und kennzeichnet den Verlierer einer Spielserie.

Das Schnapsen wird in unserer Region vermutlich schon genetisch vererbt und genießt gesellschaftliche Akzeptanz. Da spielen Arbeiter und Direktoren auf Augenhöhe und mancher Schulabbrecher hat seinem Lehrer gezeigt, wo der Bartl den Most holt.[39]

Meistens wird um die „Ehre" oder um Kleinbeträge gespielt. Nicht wenige Entscheidungen werden im wahrsten Sinne des Wortes ausgeschnapst, von einem Bier unter Freunden bis zu politischen Abmachungen über die Parteigrenzen hinweg. Doch bei Spielsucht oder Trunkenheit ist es schon zu menschlichen Tragödien gekommen. Häuser und Höfe wurden verspielt oder es wurden sogar Paarbeziehungen von den Vätern beschlossen.

Im Volksmund wird sogar behauptet, dass viele Kinder früher schnapsen können als schreiben. Aber bis 66 können sie dafür schon zählen, wenn auch nur in Sprüngen der Kartenwertigkeit von 2, 3, 4, 10 und 11 für Bube, Dame, König, Zehn und Ass.

Dieses unterhaltsame Freizeitvergnügen erfüllt bei Parkinson nebenbei auch therapeutische Aufgaben:

1. Das Handling der Spielkarten fördert die Feinmotorik.
2. Merkfähigkeit, strategisches Denken, Konzentration und Kopfrechnen sind wichtig gegen das Aufkommen von Demenz.
3. Eine (leidenschaftliche) Spielkommunikation unterstützt auch die logopädische Therapie zur Hebung der Lautstärke.
4. Spielbegleitende Emotionen verbessern die Psyche und die Mimik. Ein mimisches „Pokerface" wäre zwar beim Pokern nützlich, jedoch nicht für ein lebendiges Mienenspiel.
5. Sehr wertvoll ist der Kontakt zu anderen Menschen und beugt einem Rückzug und einer Vereinsamung vor.
6. Der Unterhaltungswert hilft, depressive Verstimmungen zu überwinden.

---

[39] ***„Wo der Bartel den Most herholt"*** ist eine Geschichte des Dichters Peter Rosegger. Umgangssprachlich bedeutet der Ausspruch, jemandem zu zeigen, wo es langgeht.

Das Kartenspielen soll aber in erster Linie der Unterhaltung dienen, ein Aspekt, den Computer und Internet nicht bieten können. Es ist nichts gegen ein kurzes Spiel am Handy zu sagen, wenn die Spiele das Denkvermögen und die Konzentration fördern. Doch vom therapeutischen Zusatzwert bleibt wenig übrig. Allein vor dem Gerät, statt einem Spielpartner gegenüberzusitzen, kann das die psychische Verfassung belasten. Wenn man stundenlang stumm und stupide nur auf den Bildschirm blickt, kann das für die Stimme negative Folgen haben.

In diesem Zusammenhang soll hier noch einmal auf die Gefahr einer Spielsucht hingewiesen werden, wie sie die Medikamente aus der Gruppe der Dopaminagonisten auslösen können.

Parkinson – ich habe die Trümpfe, du wirst nicht gewinnen.

ACHTUNG: Lachen gefährdet deine Krankheit

Der Priester predigt streng von der Kanzel:

„Brüder und Schwestern, ich warne euch vor der Zigarette.
Auf die erste Zigarette folgt garantiert das erste Glas Alkohol.
Mit dem Alkohol hat der Teufel ein leichtes Spiel
und er verlockt euch zur Sünde mit einer Frau."

Da unterbricht ihn ein jugendlicher Zuhörer:
„Wo, bitte, kann man diese tolle Zigarette kaufen?"

Kapitel 20
„Glücklich ist, …"

Das Glück ist schon da.
Es ist in uns.
Wir haben es nur vergessen und
müssen uns nur wieder erinnern.

Sokrates
griechischer Philosoph

„Glücklich ist, wer vergisst, was doch nicht zu ändern ist."

Diese Arie aus der Operette „Die Fledermaus" ist sicher weit bekannt und der Text bezeichnend für dieses Kapitel.

Hatte das vorige Kapitel das Spielglück im Fokus, geht es hier um zwei Glücksthemen im täglichen Leben: Glück zu haben oder glücklich zu sein.

Beginnen wir mit „**Glück haben**". Den meisten Menschen wird als Erstes das Materielle in den Sinn kommen, wenn vom Glück die Rede ist. Wir warten darauf, dass die Glücksgöttin Fortuna ihr Füllhorn über uns ausgießt oder wir hoffen, dass ein Wunsch in Erfüllung gehen möge. Damit das Glück nicht an uns vorübergeht, versuchen wir, es auf uns zu fokussieren. Deshalb spielen wir wöchentlich Lotto und träumen davon, dass wir in Millionen von Euro-Münzen baden können.

Aber auch mit der Teilnahme an Preisausschreiben versuchen wir, das Glück auf uns aufmerksam zu machen. Mit dem Gewinn, vielleicht eine Klopapierrolle, in der Hand, und mit dem triumphierenden Glücksausdruck eines Siegers rechtfertigen wir das Glück mit der Aussage: *„Ich habe noch nie etwas gewonnen und hatte noch nie Glück."*

Was so eine Aussicht auf das Glück und einen Gewinn bewirken kann, kann ich mit zwei selbst erlebten Beispielen belegen.

Beim jährlichen Pfarrfest meiner Kirchengemeinde war eines der Höhepunkte das beliebte Ladenspiel, welches ich mit launigen Worten moderierte. In jeder Lade war ein kleinerer Sachpreis oder auch Wertgutscheine enthalten, die ich bei den örtlichen Firmen übers Jahr erbettelt hatte. Jeder Besucher des Festes bekam ein Los geschenkt. Das löste bei den Gästen Überraschung aus. Bei einem Kirchenfest etwas geschenkt zu bekommen, wurde freudig angenommen, weil in der Kirche sonst immer um Opfer und Spenden gesammelt wird. Die Lose waren aber nicht käuflich erhältlich und so hatte jeder eine Chance auf ein kleines Glück.

Dieses kleine Gewinnspiel sollte die Besucher anlocken und sie animieren, länger zu verweilen. Ein Fest kann man nur feiern, wenn Gäste kommen und mitfeiern. Viele Besucher wurden dann Stammgäste, die sich bei Musik unterhalten konnten und mit Speisen, Getränken, Torten und Kaffee verwöhnt wurden. Die Einnahmen des Festes dienten dem Erhalt der Kirche.

Stündlich wurden für das Ladenspiel drei Losnummern gezogen und die Losbesitzer konnten sich eine Lade mit dem hinterlegten Gewinn aussuchen. Teils kleine Nützlichkeiten, aber immer auch ein oder zwei wertvollere Geschenke. Dabei versuchte ich mit den Gewinnern zu feilschen, ob sie mir den Ladeninhalt gegen einen kleinen und steigenden Geldbetrag überlassen würden. Doch fast immer wurde das unbekannte Geschenk aus der Lade gewählt. Der unterhaltsame Vorgang war immer eine vergnügliche Attraktion und der Applaus der anderen Gäste war freundlich, doch in manchen Gesichtern zeigte sich oft Enttäuschung, dass ihr Los nicht gezogen wurde.

Welche Wesensveränderung Glück oder Pech auslöst, zeigte sich bei einer älteren und liebenswerten Frau. Sie wartete schon Jahr für Jahr darauf, einen der Preise zu gewinnen und forderte vehement, das „Glücksengerl" solle doch endlich ihre Nummer ziehen. Schließlich wäre ihr das Glück noch nie im Leben hold gewesen.

Glück kann man nicht erzwingen und mit jeder gezogenen Zahl wurde ihre Enttäuschung größer, weil sie wieder kein Glück hatte.

Als dann auch der letzte Gewinn nicht an sie ging, verließ sie enttäuscht und mit vorwurfsvollen Worten das Fest. Doch schon ein paar Tage darauf traf ich sie zufällig beim Einkaufen. Da war sie wieder fröhlich und keine Enttäuschung war ihr anzumerken.

Ein anderes Beispiel von Glück durfte ich selbst erleben. Ich hatte bei einer Geschäftseröffnung den Hauptpreis gewonnen. Drei Tage Aufenthalt für eine Person in einem guten Hotel. Mein Glück wurde dann zum Glück für den Hotelier. Die drei Gratistage für eine Person brachten ihm meine Familie als Gäste für eine ganze Urlaubswoche und das auch noch in den Folgejahren.

Was ist Glück?

Bedeutet Glück zu haben, wenn damit ein großer materieller Gewinn verbunden ist? Ist das Erraten der sechs richtigen Zahlen beim Lotto bei über 8,1 Millionen Möglichkeiten ein glücklicher Zufall oder das Glück? Hätte der alleinige Gewinn von Millionen Euro bei einem Mehrfachjackpot eine größere Glücksdimension? Welches Glück wäre es dann, wenn man die sechs Zahlen der Sonntagsziehung vorher im Schlaf erträumt? So wie bei der Theaterposse „Lumpazivagabundus" von Johann Nepomuk Nestroy.

Gesetzt den Fall, man hat auf der Straße einen ausgefüllten und registrierten Lottoschein gefunden und diese Zahlen wären sogar die sechs richtigen Zahlen. Wäre das eine Glücksverdoppelung und wären wir dann glücklicher? Es wäre schließlich ein Fundstück, nur ohne einen nachweislichen Besitzer. Ist es ein Zufallsglück, wenn man als Tausendster ein Drehkreuz passiert und einen Gutschein gewinnt? Für Schüler ist es ein Glücksfall, wenn sie für die Mathe-Schularbeit genau die gestellten Beispiele geübt haben.

Man nennt es Glück, wenn man mit der Bahn zu einem wichtigen Termin fahren will, wegen eines Unfalls verspätet zum Bahnhof hetzt und gerade noch in den Zug einsteigen kann, weil auch der Schnellzug verspätet abfährt.

Wenn man eine Autofahrt unfallfrei beenden kann und zugleich weiß, welche Folgen eine Fehleinschätzung ausgelöst hätte, ist man geneigt zu behaupten, dass man noch Glück gehabt hat. Wobei der Zustand kein Glücksgefühl auslöst, sondern Erleichterung. Manche werden meinen, dass das Schicksal sie vor einem Schaden bewahrt hätte und gläubige Menschen werden Gott für den Schutz danken.

Ältere Menschen sprechen oft von Glück, wenn sie gestürzt sind, sich nur Abschürfungen zugezogen haben und vor Brüchen verschont geblieben sind. Das wird dann als Glück im Unglück bezeichnet. Diesen Umstand lässt der Schriftsteller Friedrich Torberg die „Tante Jolesch" im gleichnamigen Buch mit einem Stoßseufzer werten: *„Gott soll einen hüten vor allem, was noch ein Glück ist."*

Auch am Beginn einer Beziehung strahlt man vor Glück und Liebe. Ich bin der Meinung, dass der Blick auf ein neugeborenes Wunschkind wohl das Höchste an Glücksempfinden hervorruft. Ich weiß von einem Jungvater, der seinen neugeborenen Sohn am Arm hielt und meinte: *„Wenn ich gewusst hätte, dass dieses Gefühl so schön ist, wäre ich schon früher für ein Kind bereit gewesen."*

Was passiert im Körper, wenn ein Glücksfall eintritt?

Das Glücksgefühl geht vom Gehirn aus. Wenn etwas Positives, Schönes, Überraschendes oder Erhofftes eintritt, wird das Belohnungszentrum im Bereich des Mittelgehirns aktiviert und es werden diverse Botenstoffe ausgeschüttet.

Dopamin ist allgemein als Glückshormon bekannt und dieser Botenstoff wirkt sich positiv auf die Psyche aus. Aber im Mangelfall kommt es zu depressiven Gemütsschwankungen und eine Antriebslosigkeit stellt sich ein. Doch auch körperlich wird der Botenstoff für alle Muskelaktivitäten benötigt. Diesen Umstand können Parkinson-Patienten leidvoll bestätigen, denn der Mensch hat 656 Muskeln. Auch der Darm ist eine Art Muskel und wenn die Verdauung einmal funktioniert, dann empfindet ein Parki ein „Glücksgefühl".

Weitere Glückshormone sind Endorphine und Oxytocin. Endorphine werden bei sportlicher Aktivität ausgeschüttet. Das erklärt auch, warum man sich nach einer sportiven Betätigung gut fühlt. Oxytocin entsteht bei Liebe, Vertrautheit und beim Kuscheln.

Wenn man sich gut fühlt, dann wirkt sich das nicht nur mental positiv aus. Solange das Glücksgefühl anhält, wird der Mensch fröhlicher und lebensfreudiger sein. Auch körperlich wird das psychische Hoch dabei sichtbar, denn die Körperhaltung wirkt straffer und die Person wird vitaler sein.

„Glück" ist ein Zustand der Zufriedenheit, der Freude und der Emotionen. Ein Glücksgefühl entsteht auch durch überraschende und von außen herbeigeführte Ereignisse. Glück kann man zwar nicht gänzlich selbst herbeiführen, aber man kann die Voraussetzungen schaffen. Für ein Notenglück in der Schule kann man zumindest lernen. Für ein Gewinnglück braucht man ein Gewinnlos oder ein Teilnahmeformular. Für das Glück, gesund heimzukommen, kann jeder selbst etwas tun, indem man aufmerksam, vorausschauend und zurückhaltend unterwegs ist.

„Glücklich zu sein" ist ein Zustand, den jeder selbst beeinflussen kann und ist eng verknüpft mit dem Begriff **„zufrieden sein"**. Wenn man den Fokus auf Positives lenkt, baut man mentale Kräfte auf und eine lebensbejahende Einstellung setzt ungeahnte Energien frei.

Im Gegensatz untergraben viele Menschen selbst ihr Lebensglück. Sie gehen davon aus, dass dies oder jenes nicht so sein wird, wie man es sich wünscht. Jedes negative Beispiel dient dann der Bestätigung, dass man eh schon vorher wusste, dass es nicht so laufen wird. Ein Misserfolg wird dann mit den Worten *„Eh klar, bei meinem Pech …"* kommentiert. Sarkastisch könnte man daraus etwas Positives ableiten, weil man schließlich mit der Selbstprophezeiung richtig lag.

Vor allem bei Dingen, die man nicht ändern kann, wie zum Beispiel beim Wetter, nützt ein Wehklagen nichts. Es ist nützlicher, das Beste daraus zu machen und mit einem alternativen Unternehmen ein mögliches Glück zu finden. Eine durch Schlechtwetter bedingte Alternativaktivität kann unter Umständen zu einem unerwarteten Glück werden.

Als Beispiel, wie man sich selbst im Wege stehen kann, dient die ältere Frau (siehe obiges Beispiel), die krampfhaft auf einen kleinen Gewinn wartete und enttäuscht nach Hause ging, weil sie leider nichts gewonnen hatte. Sie wartete auf einen kleinen, vielleicht unnötigen Gewinn und hat dabei das wahre Glück nicht gesehen. Die alleinstehende Person hätte bei dem Fest mit fröhlich gestimmten Menschen bei Musik und mit guten Speisen einen glücklichen Tag verbringen können. Das war nämlich der wahre Hauptpreis meines Ladenspiels. *„Jeder ist seines Glückes Schmied"*, sagt der Volksmund.

An Parkinson zu erkranken, ist wahrlich kein Glück. Trotzdem darf ich mich glücklich fühlen. Es war ein stolzes Glücksgefühl mein erstes Buch in der Hand zu halten. Wenn das Buch helfen konnte und positiv bewertet wurde, dann nehme ich das Glück mit Demut an. Auch jede gelungene Aktivität und jedes Miteinander im Rahmen der Selbsthilfegruppe ist für mich ein Glücksmoment.

Ein paar Tipps zum Glücklichsein:

- Akzeptiere das Unvermeidliche und mach das Beste daraus.
- Fülle deinen Tag mit sinngebenden Tätigkeiten.
- Halte auch einmal still und betrachte die Umwelt.
- Wechsle einmal die Perspektive.
- Sei offen für Neues und setze dir herausfordernde Ziele.
- Bewegung macht süchtig und zufrieden.
- Halte Kontakt zu anderen Menschen.
- Sei dankbar für kleine Glücksmomente.
- Tu dir etwas Gutes und belohne dich.

Parkinson – jeder gute Tag ist für mich ein Glückstag.

ACHTUNG: Lachen gefährdet deine Krankheit

Der Vater ärgert sich: „Das ist ja wie verhext! Ich habe kein Glück. Wieder ist keine einzige Zahl beim Lotto richtig!"

Tröstet ihn die Tochter: „Mach dir nichts draus! Mir ging's bei der Mathearbeit genauso!"

Kapitel 21
„Na, der Dingsda ...“

„Das Wort »Dings« ist praktisch,
du brauchst dir keinen Namen zu merken,
du kannst alles beschreiben
und du vergisst es nicht.“

Walter Ondrich
Autor und Parkinson-Betroffener

Wem geht es nicht so, dass einem einfach der Name von Personen, Sachen oder Orten partout nicht einfallen will? Diese Fehlleistung lässt oft verzweifeln und man überbrückt diesen Umstand zum Teil mit Umschreibungen oder mit einem immer präsenten und vermeintlich alles aufklärenden Ersatzwort.

Es geht um den Ausdruck „Dings“ und der leitet sich vom Wort „Ding“ ab. Dieser Wortstamm wird grundsätzlich für eine unbestimmte Sache oder eine nicht nähere Bezeichnung verwendet. Wenn jedoch gesprächsweise Namen und Bezeichnungen nicht einfallen wollen, dann rettet das Ersatzwort „Dings“ mit den Abwandlungen „Dingsda“ oder „Dingsbums“ aus einer wortlosen Peinlichkeit, weil ein Blackout im sogenannten Oberstübchen sogar den Zugriff auf den Namen des eigenen Kindes nicht zulässt.

In diesem Fall kann der Gesprächspartner nur rätseln, was und wer mit diesen „Dingsbums"-Formulierungen gemeint ist:

„Gib mir das Dings herüber!"

„Das Dingsda ist unbrauchbar."

„Die Dings geht mir auf die Nerven."

„Wie heißt doch gleich der Dingsbums?"

Wer kennt und verwendet diese wörtliche, „ah …, na, hilf mir" – diese Ausweichmöglichkeit, diesen für alles verwendbaren und doch nichtssagenden Begriff nicht? In einem Gespräch kann es vorkommen, dass vertraute Namen oder gängige Wörter im entscheidenden Moment nicht in den Sinn kommen. Dabei liegt der Begriff/Name auf der Zunge. Nur darauf können andere Personen nicht zugreifen. Ehrlich gesagt, ich habe auf meiner Zunge höchstens einen weißlichen Belag gefunden, aber noch nie ein Wort. Aber das Wort „Dings" vergisst man nie. Wobei schon das Stammwort „Ding" auf einen nicht näher bezeichneten Gegenstand oder eine unbestimmte Sache Bezug nimmt. Um diese Dinge geht es dabei:

> „das ist ein Ding | ein Ding drehen | ein Ding verpassen | ein krummes Ding drehen | ein Ding der Unmöglichkeit | gut Ding braucht Weile | aller guten Dinge … | jedes Ding hat zwei Seiten | das Ding taugt nichts | es kommen Dinge zu Ohren | über den Dingen stehen | die Dinge regeln | die einfachsten Dinge nicht begreifen | tausend Dinge zu erledigen | die Lage der Dinge | private Dinge | usw."

Im Fall einer Hirnleere, wenn einem die gebräuchlichsten Wörter und Namen nicht einfallen wollen, dann ist der Ersatzbegriff „Dings" die Rettung aus einer panischen Wortlosigkeit. Diesen Umstand kommentiert man in jüngeren Jahren noch mit dem läppischen Kommentar, dass anscheinend „Alzi"[40] schon ins Hirnkastl eingezogen ist. Bei älteren Personen kann das Erinnerungs-Blackout die Sorge wecken, dass tatsächlich Alzheimer oder eine parkinsönliche Demenz dahintersteckt.

---

[40] „**Alzi**" ist die umgangssprachliche Verniedlichung von Morbus Alzheimer, der weitverbreitetsten Form von Demenz.

Diese Sorge kann mit zunehmendem Alter berechtigt sein. Wenn die Vergesslichkeit zu-, die Konzentration abnimmt und sich dazu noch Orientierungslosigkeit einstellt, dann könnte es ein Anzeichen für eine Parkinson-Demenz sein, die sich bei circa einem Drittel der Parkinson-Erkrankten zeigt.

Doch oft sind für diese Wortfindungsstörungen andere Ursachen verantwortlich. Da kann auch Stress schuld sein oder ein überfrachtetes Gehirn, weil man vielleicht gerade viel um die Ohren hat. Auf der anderen Seite laufen die Denkprozesse langsamer ab, wenn die menschliche Kommandozentrale nicht trainiert ist.

Parkinson – du Dings du, du kannst mich mal kreuzweise …

ACHTUNG: Lachen gefährdet deine Krankheit

Zwei Männer sitzen im Flugzeug über den Atlantik.
Nach einer Stunde meldet der Kapitän:

Eine Turbine hat den Geist aufgegeben, es bestünde aber kein Grund zur Panik. Auch mit drei Triebwerken käme man sicher an, nur würde sich die Flugzeit verdoppeln.

Nach einiger Zeit meldet sich der Pilot erneut:

Noch eine Turbine sei ausgefallen, keine Panik, allerdings würde der Flug noch einmal so lang dauern.

Wieder später: Auch das 3. Triebwerk streikt. Das Flugzeug kann mit einer Turbine landen und Treibstoff ist auch an Bord. Leider wird sich die Flugzeit noch einmal verdoppeln.

„Verdammt", sagt der eine Passagier zum anderen:
„Ich hoffe, die letzte Düse fällt nicht auch noch aus, sonst bleiben wir ewig hier oben."

Kapitel 22
„Nichts vergessen?“

„Selig sind die Vergesslichen:
denn sie werden auch mit ihren Dummheiten »fertig«.“

Friedrich Nietzsche

Bald hätte ich vergessen, ein Kapitel über das Vergessen zu schreiben. Meine Vergesslichkeit ist schon sehr bedenklich.

Über das „Vergessen“ zu schreiben, ist eine Herausforderung. Es jagen zwar sofort gedankliche Fragmente einer Idee durch den Kopf. Doch bevor man den Gedankenblitz aufgreifen kann, löst er sich schon wieder im Nichts auf. Auf der Suche nach interessanten Themen und pointierten Texten poppen ganz kurz Geistesblitze auf und verlöschen, bevor daraus ein Halbsatz entstanden ist. Zurück bleibt die Ahnung einer Idee. Der Rest hat sich verflüchtigt, so wie feiner Sand zwischen den Fingern zu Boden rieselt.

Mit dem, was vom Erstgedanken zurückgeblieben ist, startet dann der zweite und oft auch noch der n-te Versuch, den Gedankengang zu formulieren. Nur sagt ein Sprichwort: *„Es kommt nichts Besseres nach“*. So entsteht Wort für Wort ein Satz, der in etwa dem Grundgedanken entspricht. Werden aber die Gedankengänge unterbrochen, dann ist auch das eine Art „Wortfindungsstörung“.

Wenn dann endlich die gewünschte Formulierung für den zentralen Gedanken gefunden ist, entsteht im Kopf ein Bild und rundherum sammeln sich die Beigedanken. Jetzt kommt es zum Wettstreit zwischen den Fingern und der Vergesslichkeit. Sind die tippenden Mittelfinger schneller oder schlägt die kurze Halbwertszeit des Erinnerungsvermögens zu?

Es ist paradox, zu welchen Leistungen unser Gehirn fähig ist, und auf der anderen Seite benötigt man für einfache Erledigungen kiloweise Notizzettel zur Erinnerung. Von tiefschürfenden Gedanken können die grauen Zellen blitzartig auf ein anderes Thema umschalten und auf der anderen Seite hat der Denkapparat eine enorme Speicherfähigkeit, auch von trivialen Vorgängen.

Ein Beispiel für die Merkfähigkeit ist das Langzeitgedächtnis mit den oft detailhaften Erinnerungen aus der Kinderzeit. So kann man oft ein in der Schule erlerntes Gedicht auch noch im greisen Alter rezitieren. Man ist sich gar nicht dessen bewusst, was das Hirn alles speichert.

Das zeigt sich auch beim Erkennen meiner Parkinson-Erkrankung. Als mich einige Symptome irritierten und die Gedanken eine Ähnlichkeit zu einem Parkinson-Verhalten herstellten, da passierte etwas Phänomenales. Mit dem Wort „Parkinson" kam ein irgendwann zufällig gelesener Artikel in Erinnerung. Der besagte, dass bei diesem Leiden die Riechfähigkeit verloren gehen kann und mein Riechvermögen ist fast null. Diese Information habe ich x Jahre davor gelesen und ohne einen Bedarf daran zu haben, auch nicht weiter beachtet. Doch genau zum passenden Zeitpunkt präsentierte mein Gedankenspeicher das zu diesem Zeitpunkt wichtige Wissen.

Es ist unglaublich, dass die Synapsen[41] diese Information in Sekundenbruchteilen in Erinnerung bringen. Der Vorgang ist für mich faszinierend. Schließlich habe ich in meiner Zeit als Programmierer ähnliche Aufgaben am Computer lösen müssen und ich weiß, welcher Programmieraufwand dafür notwendig ist.

---

[41] **Synapsen** sind neuronale Verknüpfungen der Nervenzellen zur Informationsübertragung.

Der Vorgang, Wissen und Abläufe zu speichern, ist bei Kindern besonders ausgeprägt. Das Gehirn ist noch aufnahmefähig und saugt wie ein Schwamm die Informationen der Umwelt auf. Wenn die Kleinen im Kindergarten Lieder und Texte lernen, dann tun sie das nur mit dem Hörsinn und ohne die Information lesen zu können. Dafür können sie sich meisterhaft auch bildliche Darstellungen merken. Wer jemals mit Kindern Memory gespielt hat, weiß, dass Kinder in dieser Beziehung unschlagbar sind.

In meiner Zeit beim Theater habe ich mir auch die Rollentexte aufgeschrieben und sie dann vom Blatt gelernt. Beim Lernen und Deklamieren konnte ich die Texte bildlich „mitlesen“. An der Stelle, wo der Text auf dem nächsten Blatt weiterging, blätterte ich gedanklich um.

Und jetzt? Jetzt breitet sich vielfach der Mantel des Vergessens über mein Oberstübchen aus. Ein Vorgang, der mich sehr beunruhigt und erschreckt. Kommt zu Parkinson auch noch eine Demenz dazu?! Dabei muss es gar nicht Morbus Alzheimer sein, diese Krankheitsbezeichnung wird oft als Überbegriff für diverse Arten von Demenz verwendet. Die Parkinson-Demenz ist eine davon.

Vielleicht hat meine Vergesslichkeit nichts mit Demenz zu tun. Zu hoffen ist, dass die irritierenden Anzeichen vielleicht nur auf eine Überlastung des Gehirns zurückzuführen sind. Schließlich sind für die Aufgabe, eine Selbsthilfegruppe zu leiten und ein Buch zu schreiben, sehr viele Informationen zu verarbeiten. Da könnte es sein, dass etwas Wichtiges bei einem Ohr in den Kopf gelangt, aber am Gehirneingang hängt eine Tafel mit der Aufschrift *„Wegen Überfüllung geschlossen“*. Dann kann die Info nur unbeachtet beim anderen Ohr wieder hinaus.

Doch es sind folgende und ähnliche Situationen, wie nun beispielhaft beschrieben, die Sorgen bereiten.

Ein halber Vormittag mit diversen Erledigungen stand bevor und meine Frau bat mich, einige Dinge nebenbei zu besorgen. Dafür hatte sie eine kleine Liste vorbereitet, damit ich nichts vergesse, denn oft genug geht es mir so wie dem Opa auf Seite 127.

Beim Weggehen kam aus Gewohnheit die Frage, ob ich auch nichts vergessen hätte. Mit gleicher Regelmäßigkeit beantwortete ich leicht gereizt die fürsorgliche Frage mit einem bestimmten *„Nein!"*, verließ die Wohnung und versperrte die Wohnungstür.

Nach acht Stufen, also im Halbstock, wühlte ich in den Jackentaschen nach dem Notizzettel – *„Sch…, den habe ich liegengelassen!"* Wieder zurück, die Tür aufsperren und dann im Vorzimmer zur Ablage eilen, um den vergessenen Wisch mitzunehmen. Dort war die Gedächtnisstütze aber nicht, also liegt der Zettel sicher am Küchentisch, war meine Vermutung.

Der Blick auf den Tisch suchte aber nicht mehr den Notizzettel, sondern die Gehirnzellen wandelten das Suchobjekt: *„Wo ist der Schlüsselbund?"* – und dieser Gegenstand war vorerst nicht zu finden. Erst als ich für die Suche beide Hände frei haben musste, fiel mir auf, dass ich den Schlüsselbund die ganze Zeit fest in meiner Hand gehalten hatte.

Erleichtert, aber auch frustriert startete ich den zweiten Versuch, die Erledigungen durchzuführen. Hinaus aus der Wohnung, sie versperren, dann die acht Stufen im Stiegenhaus hinunter – und es kam zum Déjà-vu. Nur jetzt war das erste Wort der Erkenntnis lauter: *„SCH…, den Zettel wollte ich eigentlich mitnehmen!"*

Wundert sich jemand, wenn man sich bei solchen Vorkommnissen Sorgen macht, ob sich die graue Masse im Kopf langsam auflöst? Zumindest in der Butterdose habe ich den Schlüssel noch nicht deponiert.

Es ist jedoch erwiesen, dass es bei der Parkinson-Erkrankung auch zu einem Nachlassen der Gehirnleistung kommen kann. Sind es anfangs „nur" Einschränkungen der kognitiven Fähigkeiten wie Aufmerksamkeitsstörungen, Nachlassen der Gedächtnisleistung mit Wortfindungsproblemen (siehe das Dings-Kapitel) und eine Verminderung des schlussfolgernden Denkens durch den Mangel an Konzentrationsfähigkeit, kann sich in etwa einem Drittel der Parkinsonfälle auch eine Demenz einstellen. Die Parkinson-Demenz hat auch eine Verlangsamung des Denkvorgangs zur Folge.

Es ist schwierig, komplexe Vorgänge zu erfassen oder Texte sinnerfüllt zu verstehen. Vorausschauendes Planen und die Abwicklung von Tätigkeiten können sich verschlechtern. Die räumliche Orientierung und die Wahrnehmung können beeinträchtigt sein.

Fast alle diese Einschränkungen kann ich bei mir finden. Der Denkprozess verlangsamt sich ähnlich wie die körperliche Verlangsamung. Das Kopfrechnen war eine ausgeprägte Fähigkeit von mir und heute muss ich mich schon beim Schreiben und Rechnen der Kartenspielergebnisse konzentrieren. Im Vergleich mit dem ersten Buch dauert das Finden der passenden Formulierungen der Themen für dieses Buch gefühlt dreimal so lang. Und so weiter und so weiter.

Dabei vergeht kein Tag, an dem ich nicht nur die körperlichen Fähigkeiten trainiere, sondern mich auch geistig fordere. Somit ist das Buchschreiben für mich zugleich auch Therapie für den Erhalt der Geistesleistungen. Parkinson hat mir einige gedankliche Nüsse beschert. Ich liebe Nüsse!

Parkinson – du bist zum Vergessen!

ACHTUNG: Lachen gefährdet deine Krankheit

Oma und Opa liegen am Strand.

Opa: „Ich habe einen Hunger!"

Oma: „Kauf dir doch am Kiosk etwas zu essen
und bring mir bitte ein Eis mit!"

Opa: „Ok."

Oma: „Aber schreib es dir bitte auf.
Du vergisst doch immer alles! Ich will ein Eis, ja?"

Opa: „Nein, nein, das vergesse ich schon nicht, keine Sorge."

Opa (kommt nach 10 min zurück): „Hier ist dein Wasser!"

Oma (kopfschüttelnd):
„Jetzt hast du mir statt Würstchen ein Wasser mitgebracht!"

Kapitel 23
„Bist du noch bei Sinnen?“

Wir werden sehen, was wir hören!

„Was man sehen, hören, erfahren kann,
dem gebe ich den Vorzug.“

Heraklit von Ephesos,
griechischer Philosoph

Im vorigen Kapitel war die Vergesslichkeit das Thema. Wenn man sich jedoch die enormen Leistungen und Belastungen des Gehirns vor Augen hält, dann ist das Vergessen ein (fast) normaler Vorgang. Im Laufe eines Tages müssen viele Millionen Informationen verarbeitet und verwaltet werden. Man braucht nur den Text auf dieser Seite heranzuziehen.

Ständig liefern alle Sinne Wahrnehmungen an das Gehirn. Geläufig sind die fünf klassischen Sinne: Hören, Sehen, Tasten, Riechen und Schmecken. Daher kommt auch der Allgemeinspruch *„Der hat nicht alle fünf Sinne beisammen“*. Je nach Betrachtungsweise und Auslegung spricht man oft auch von mehr als fünf Sinnen. Über die endgültige Anzahl und Reihenfolge gibt es jedoch unterschiedliche Ansichten.

Vielfach wird auch vom Bauchgefühl, Instinkt oder Intuition als sechstem Sinn gesprochen. Aufgrund der Erfahrungen, Wahrnehmungen oder Emotionen entscheidet man oft aus dem Bauch heraus.

Paradox ist, dass das Bauchgefühl zwar im Magen oder Bauch zu spüren ist, aber gleich wie das rationale Denkvermögen im Gehirn positioniert ist.

Zusätzlich gehört auf jeden Fall noch der Gleichgewichtssinn gemeinsam mit der Balance zu den Sinnen. Jeder, der an Schwindelanfällen leidet, kann das bestätigen. Unterschiedlich wird der Tastsinn gewertet, gemeinsam mit dem Fühlen oder als zwei getrennte Sinne. Man ist sich auch uneins, ob die Wahrnehmungen für Stimmung, Temperatur und Geschwindigkeit als getrennte Sinne zu sehen sind.

Egal, wie man die Anzahl der Sinne zählen will, wichtig ist es, viele und gut funktionierende Sensoren zu haben, die uns über unser Umfeld informieren. Bei Ausfall eines Sinnes ist der Mensch in seiner Wahrnehmung eingeschränkt, auch wenn dann andere Sinne bis zu einem gewissen Grad die fehlenden Informationen kompensieren können. Ein gutes Beispiel liefert der Hörsinn und die Summe der Sinne, wenn sie bei Blindheit die Seh-Kraft zum Teil ersetzen können und müssen.

Im täglichen Sprachgebrauch kommt es dann zu peinlichen Situationen, wenn im Beisein einer blinden Person beispielhaft folgende Aussage getätigt wird: *„Wir werden sehen, was der Tag noch bringt.“* Fast kurios wirkt es aber, wenn Beeinträchtigte selbst eine derartige Floskel verwenden.

Die Sinne liefern dem Gehirn laufend die Daten aller bewusst und unbewusst wahrgenommenen Umweltinformationen. Damit werden automatische Reaktionen ausgelöst, bewusste Entscheidungen getroffen und Denkprozesse eingeleitet. Über das Arbeits- oder auch Kurzzeitgedächtnis und das damit verknüpfte Langzeitgedächtnis wird Gehörtes, Gelesenes, Gefühltes sowie Erlebtes registriert und aufbewahrt oder als Wissen bereitgestellt.

Man kann die Gehirntätigkeit als natürliche Kommandozentrale und als Überwachungssystem der menschlichen Aktivitäten und Vorgänge bezeichnen. Ähnliche Aufgaben haben Steuerungen von komplizierten Maschinen, Leitstellen von Fabriken und Infrastruktursysteme zu bewältigen.

Alle Wahrnehmungen, Reaktionen, Entscheidungen, Denkprozesse und das Lernen, Erinnern und alles Wissen spielen zusammen. Diese werden als kognitive Fähigkeiten bezeichnet. Die Kognition ermöglicht, multiple Anforderungen zeitgleich zu verarbeiten. Sonst würden alle Informationen seriell, also hintereinander ablaufen.

So kann der Mensch zum Beispiel spazieren gehen, dabei mit einem Begleiter ein hochgeistiges Gespräch führen und zugleich den Zustand des Weges vorausschauend analysieren, um nicht über Hindernisse zu stolpern. Ein penetranter Geruch lässt die Gesprächspartner zur Seite blicken, wo ein Bauer die Gülle verspritzt. Zusätzlich signalisiert der Hörsinn, dass sich von hinten ein Fahrzeug nähert und somit auf dem engen Weg eine Gefahr droht.

All diese Informationen werden ständig vom Gehirn aufgenommen und je nach Erfahrung und Dringlichkeit reagieren wir Menschen entsprechend oder erkennen, dass die Situation wieder im normalen Bereich und keine weitere Aufmerksamkeit nötig ist.

Mit 30 Jahren hat der Mensch die größte Hirnleistung. Danach nehmen die Leistungsfähigkeit und die kognitiven Fähigkeiten langsam ab. Mit 50 nimmt die Vergesslichkeit zu und zunehmende Wortfindungsstörungen und Orientierungsprobleme werden lästig. Das könnten auch Anzeichen von Demenz sein. Diesbezügliche Bedenken kann der Arzt mit speziellen Testmöglichkeiten abklären.

Die kognitiven Fähigkeiten können positiv beeinflusst werden.

1. Körperliche Bewegung durchblutet das Gehirn besser.
2. Gesunde Ernährung ist vorteilhaft und Nahrungsmittel, die reich an Omega-3-Fettsäuren sind. Salz, Fett und Zucker sind jedoch kontraproduktiv.
3. Mental aktive Menschen erkranken seltener an Demenz.
4. Regelmäßiges und kombiniertes Training der Sinne sichert die kognitiven Fähigkeiten.

Ein Beispiel für ein kognitives Training ist eine meiner Standardübungen: Auf instabilem Untergrund (Luftpolster) stehend jongliere ich mit zwei Bällen. Erschwerend ist, dass beide ein unterschiedliches Gewicht, Größe und Haptik haben.

Zu Störungen der Kognition kann es auch nach Unfällen oder Operationen kommen. Auch Krankheiten, Demenz, Schlaganfall und Multiple Sklerose können die Sinne beeinträchtigen. Bei Morbus Parkinson kommt es oft zum Verlust der Riechfähigkeit und des Geschmacksempfindens.

Dass auch Drogenmissbrauch und unmäßiger Alkoholgenuss die Körperfunktionen und Sinne beeinträchtigt, weiß jeder, der schon einmal in der Situation war.

Parkinson – mach keinen Unsinn, mir vergeht das Lachen nicht!

ACHTUNG: Lachen gefährdet deine Krankheit

Der Sohn eines arabischen Scheichs studiert in Wien.

Auf die Frage seines Vaters, wie es ihm gehe,
antwortet der junge Mann:

„Wien ist eine tolle Stadt und die Leute sind nett.
Ich fühle mich hier wohl.
Aber ich schäme mich immer,
wenn ich meinem Rolls-Royce zur Uni fahre
und die Professoren fahren mit der Straßenbahn."

Da bekommt der Sohn 10 Millionen Euro überwiesen
und im Begleitbrief seiner Eltern steht:
„Mach uns keine Schande,
kaufe dir auch eine Straßenbahn!"

Kapitel 24
„Gib Laut!"

„Das älteste, echteste und schönste Organ der Musik, das Organ, dem unsere Musik allein ihr Dasein verdankt, ist die menschliche Stimme."

Richard Wagner
Komponist, Schriftsteller, Theaterregisseur und Dirigent

Die Stimme ist die Fähigkeit, Töne zu erzeugen und ein Werkzeug zur Kommunikation. Zur Stimme mit ihrer Lautstärke, Klangfarbe und Tonalität gehört auch die Ausdrucksform, ob das Ausgesprochene zum Beispiel drohend oder bittend gemeint ist. Dazu kommt auch die Mimik ins Spiel. Sie verstärkt die Aussage und ist eine wichtige Komponente der Kommunikation, zu der auch die Gestik zählt. Doch wir kommunizieren auch nonverbal. Der Gesichtsausdruck und die Körpersprache vermitteln oft das Gegenteil von dem, was die ausgesprochenen Worte sagen wollen.

Mit der Sprache formuliert der Mensch aus einzelnen Lauten ganze Worte und komplexe Sätze. Mit der Stimmcharakteristik und der speziellen Spracheigenschaft hat jeder Mensch eine einzigartige Aussprache und kann so auch über die Stimme erkannt werden. Diese Eigenschaften der Aussprache nützen besonders Kabarettisten, wenn sie bekannte Personen imitieren.

Mit der Ausdrucksform und der Lautstärke kann das Gesprochene dramatisiert werden. Witze werden damit erst humorvoll und dramatisierende Erzählungen packend. Mit pointiert und bildhaft verwendeten Worten wird die Aussage lebendig.

Mit gut gesetzten Pausen oder mit bewusst abgesenkter Stimme kann man die Aufmerksamkeit steigern. Dafür verleitet ein leises, monotones Stimmbild, dass die Zuhörenden auch bei einem interessanten Vortrag in ein Powernäppchen entgleiten – auf gut Deutsch, in ein kurzes und erholsames Nickerchen eintauchen, aus dem man hochschreckt, wenn der Kugelschreiber aus der Hand fällt.

Auf der anderen Seite kann ein stimmgewaltiger Schauspieler[42] oder ein rhetorisch geschulter Redner mit seiner Stimme einen großen Saal erbeben lassen und umgehend flüsternd eine Dramatik erzeugen, dass der Zuhörer aufs Atmen vergisst. Das Flüstern ist für die Stimmorgane anstrengender als die laute Stimme.

Dabei sind Flüstern und Tuscheln im Alltag gang und gäbe. Eltern flüstern, damit die endlich eingeschlafenen Kinder nicht wieder aufwachen und dann das andere Ende der Lautstärkeskala ausreizen. Viele Situationen, so wie eine Kirchenbesichtigung, verlangen eine dezente Lautstärke oder es werden Themen besprochen, die nicht für andere Ohren bestimmt sind.

Andererseits gibt es Personen, die man auf der Straße zuerst hört, bevor man sie sieht. Eine laute oder schrille Stimme gepaart mit einem ausgeprägten Mitteilungsbedürfnis kann aufdringlich wirken. Die heutige Handymanie wird oft zu einer aufdringlichen Belästigung, der man sich nur schwer entziehen kann.

Bei einer Zugfahrt können Immer- und Ewig-Telefonierer mit ihrem ungeniert lauten Geplapper über persönliche Vorkommnisse oder geschäftliche Ärgernisse die Mitreisenden nerven. Ich kenne einen Fall von einem Reisenden, der völlig ungeniert seinem mitreisenden Kollegen Firmengeheimnisse verkündigte und am nächsten Tag fristlos entlassen wurde. Am Platz dahinter saß nämlich der Sicherheitsbeauftragte der Firma. Wie lautet der Spruch? *„Schweigen ist Gold, reden ist Kündigung“*? Oder so ähnlich...

---

[42] Mit „der Schauspieler“ ist der Berufsstand gemeint.
An dieser Stelle lege ich nochmals das Bekenntnis ab, dass die männliche Schreibweise nur den Zweck einer besseren Lesbarkeit erfüllen soll. Das Weglassen der formal richtigen Genderschreibweise mit *:/-INNEN und der IHM/IHR-Ansprache erspart mir tausende Tippvorgänge und ein paar Seiten.

Ein anderes Mal sprachen zwei Frauen im Zug in normaler Lautstärke über Beziehungsprobleme und die anstehende Scheidung, dass alle im Waggon mithören „mussten". Die vernommenen Informationen wären dem Scheidungsgegner in einem gehässig geführten Rosenkrieg einiges wert gewesen.

Hinterhältig und rücksichtslos ist das Tuscheln. Da werden (vermeintliche) Geheimnisse hinter vorgehaltener Hand weitergegeben oder Intrigen geschmiedet. Leider wird oft auch bei Theatervorstellungen und bei Konzerten im Zuschauerraum ungeniert getuschelt, was bei leisen Passagen sehr störend ist.

Und dann kommt Parkinson und lässt so manche Stimme fast verstummen. Zum einen lässt die Stimmkraft nach und andererseits dämpfen depressive Verstimmungen die Stimme. Die einst kraftvolle Aussprache wird heiser und immer leiser. Zusätzlich erstarrt auch die Mimik und der Ausdruck wirkt maskenhaft[43]. Ohne ständiges Stimmtraining verkommt die charakteristische Stimme zu einem schwer verständlichen und unartikulierten Krächzen.

Das Sprechen wird dann immer anstrengender und es kann kaum eine Unterhaltung geführt werden. Man wird ständig mit Aussagen wie „Ich habe dich nicht verstanden" oder „Sprich lauter" konfrontiert. Dabei vermeint der „Getadelte", laut gesprochen zu haben und nicht mehr lauter sprechen zu können. Weil der Parki akustisch nicht verstanden wird, läuft die Unterhaltung an ihm vorbei und das führt zu einer Immigration.[44] Der seiner Stimme und somit seiner Identität beraubte Mensch wird immer mehr verstummen und das Problem wird größer.

Gegen diese stimmliche Abwärtsspirale hilft nur „reden" – viel reden, laut reden und artikuliert zu sprechen, auch mit dem Einsatz der Mimik. Mit dieser Maßnahme, die schon bei den ersten Anzeichen einsetzen sollte, kann der heiseren Unverständlichkeit und der zunehmenden Sprachlosigkeit Einhalt geboten werden.

---

[43] Ein Beispiel ist der bayrische Schauspieler Ottfried Fischer. Der „Bulle von Tölz" hat sein parkinsönliches „Pokerface" zur Marke gemacht.

[44] Innere Immigration ist die Abkehr von der fremd gewordenen Außenwelt und ein Rückzug in die eigene Innerlichkeit.

Jedem Parkinson-Betroffenen sollte der Erhalt seiner Stimme ein tägliches Anliegen sein – auch wenn die Wahrnehmung der eigenen Stimme ein Stimmtraining noch nicht notwendig erscheinen lässt. Aber die Menschen im Umfeld werden der eigenen Einschätzung vielleicht nicht zustimmen.

Die effektivsten Methoden, stimmgewaltig zu bleiben, erreicht man mit einfachen Maßnahmen:

Viel reden, damit die Stimme nicht einrostet.

Erfahrungsgemäß nimmt bei älteren Menschen die Sprachmenge ab. Alleinlebende haben von Haus aus weniger Möglichkeit zu reden. Aber auch in langjährigen Partnerschaften versteht man sich auch ohne viele Worte und die Äußerungen werden zu knappen Lauten wie „ha“, „ja“ und so weiter. Damit werden die Stimmbänder nicht gefordert und verlieren ihre Elastizität. Die Stimme bricht und wird krächzend.

Laut reden, damit man gehört wird.

Des Nachts, wenn eigentlich Ruhe und Stille gefordert wären, sorgen viele Menschen mit nervig lauten Schnarchgeräuschen für schlaflose Nächte. Doch untertags versteht man ihre mit piepsleiser Stimme vorgetragenen Worte kaum.

Die Stimme muss gefordert werden, damit sie erschallen kann. Ein Golfer muss auch seinen Abschlag trainieren, damit der Golfball in die richtige Richtung und auch weit fliegt. So muss auch die Stimme trainiert werden. „Gib Laut“ ist für einen Hund das Kommando zu bellen. Ein Parki sollte auf die Aufforderung, laut zu sprechen, mit lauterer Stimme reagieren.

Schon zweimal am Tag eine Seite aus der Zeitung laut zu lesen, kann stimmerhaltend sein. Notfalls sich selbst vorzulesen ist besser, als schweigend die Stimme zu verlieren. Auch der Partner freut sich, wieder ein Zwiegespräch führen zu können.

Artikuliert reden, damit man verstanden wird.

Zum besseren Verständnis gehört auch eine artikulierte Aussprache. Genuschelte Worte und unbetonte Sätze sind zusätzlich dafür verantwortlich, dass ein Gespräch unverständlich wird.

Eine schlechte Verständlichkeit entsteht oft durch einen starren Gesichtsausdruck. Wie wichtig die Mimik ist, kann man bei Gehörlosen beobachten, die über die Lippenbewegungen und Mimik verstehen, was die anderen sagen. Vor einem Spiegel überdeutlich zu sprechen und dabei die Mimik stark einzubeziehen, kann viel wert sein. Ein Logopäde kann dabei helfen, das Stimmvolumen und den Gesichtsausdruck zu erhalten.

Ein erwiesenermaßen effektvolles Sprachtraining ist die LOUD-Therapie von LSVT (siehe BIG-Übungen). Diese Methode wird von geprüften Logopäden entweder von Angesicht zu Angesicht eingesetzt oder sie kann in 16 Sitzungen am heimischen Computer über eine Internetverbindung die Lautstärke der Stimme eindrucksvoll verbessern. Meine noch immer kräftige Stimme hat sich nach den vier Therapiewochen spürbar verbessert, was dann ein Abschlusstest mit einem um 25 % gestiegenen Stimmvolumen bestätigte.

Parkinson – ich sage es laut und deutlich, ich verstumme nicht!

ACHTUNG: Lachen gefährdet deine Krankheit

Im Flugzeug kommt vom Piloten eine Durchsage:

„Wenn sich ein Arzt an Bord befindet,
soll er bitte rasch ins Cockpit kommen!"

Ein Mann steht auf und eilt nach vorne.

Nach wenigen Minuten ertönt die hektische Stimme
des Arztes aus den Lautsprechern:

„Wenn sich ein Pilot an Bord befindet,
soll er dringend nach vorne kommen!"

Kapitel 25
„A chinesische Krise“

Eine Krise ist jener ungewisse Zustand,
in dem sich etwas entscheiden soll:
Tod oder Leben - Ja oder Nein.

Kurt Tucholsky
Journalist und Schriftsteller

Nein, lieber Leser, in diesem Kapitel geht es nicht um politische oder wirtschaftliche Probleme oder um eine innenpolitische Eskalation des totalitären Politsystems. Das Thema hat nichts mit China zu tun.

Der Kapiteltitel entsprang einer phonetischen Fehlleistung. Als ich den Begriff „Akinetische Krise“ zum ersten Mal am Telefon hörte, baute sich im Kopf der Wortlaut „A chinesische Krise“ auf.

Dabei geht es um einen Parkinson-Notfall mit einer lebensbedrohlichen Bewegungsunfähigkeit (Akinese).

In dieser Situation erstarrt der Patient in seinen Bewegungen und wird vielleicht noch von heftigem Zittern geplagt. Die Starre kann sogar das Schlucken verhindern oder die Atmung beeinträchtigen. Dieser Zustand ist sehr ernst zu nehmen. Eine sofortige neurologische Intensivbehandlung ist unbedingt anzuraten und bei überwachter Versorgung mit L-Dopa und anderen Medikamenten kann sich der Patient wieder gut erholen.

Der Zustand kann in einem späteren Stadium der Erkrankung plötzlich auftreten oder sich über einige Tage mit schlechter Befindlichkeit ankündigen. Auslöser kann ein Ausbleiben der Medikamente sein. Auch Flüssigkeitsmangel oder ein Infekt kann die Ursache für diese Krise sein.

Ein menschliches Problem kann in dieser Lage die altersbedingte Sturheit sein, mit der ein Patient einen notwendigen Spitalaufenthalt vehement ablehnt. In dieser Situation hilft oft nicht einmal Bitten und Betteln. Die Ängste und Sorgen der betreuenden Personen werden dann leider vielfach ignoriert, auch wenn man dem Schützling wie „einem kranken Pferd" zuredet, wie es eine Redensart ausdrückt. Die Betroffenen klappen ihre Ohren zu und lassen sogar die wartenden Sanitäter mit ihrem Rettungsauto wieder leer zurückfahren. In einer solchen Situation kann der Zuspruch einer Vertrauensperson dazu beitragen, die sture Haltung aufzugeben.

In den letzten zwei Jahren habe ich ein derartiges Vorkommnis zweimal mit Mitgliedern unserer SHG erlebt. Ein anonymisierter Fall ist hier dokumentiert.

Maria (Name geändert), ein Mitglied unserer SHG, ist vor einiger Zeit in eine akinetische Krise gefallen. Ihr behandelnder Neurologe, den sie in Begleitung ihrer Tochter zur vereinbarten Kontrolluntersuchung gerade aufgesucht hatte, erkannte ihren schlechten Zustand. Er ließ sie umgehend ins Spital liefern, wo sie untersucht und medikamentös erstversorgt wurde. Sie sollte jedoch für einige Tage zur Kontrolle im Krankenhaus bleiben.

Aber mit der Besserung ihres Zustands erwachte leider auch eine gewisse Alterssturheit. Die resolute Dame verweigerte ihre Zustimmung für den Krankenhausaufenthalt und forderte den Rücktransport in ihre Wohnung. Die Ärzte konnten sie nicht umstimmen und so transportierte ein zufällig anwesendes Rot-Kreuz-Team die betagte Dame gleich nach Hause. Ihre Tochter, die erst später im Spital eintraf, weil sie wegen der Corona-Pandemie nicht im Krankenwagen mitfahren durfte, wurde vom Arzt über ihren Zustand informiert und den möglichen Folgen aufgeklärt.

Zu Hause war Marias Antwort auf alle Argumente für einen Spitalaufenthalt vier Buchstaben lang: „NEIN". In ihrem Reich – „my home is my castle" – waren sogar beide Töchter machtlos gegen den starken Willen der Mutter und sie konnten sie nicht zur Rückkehr ins Krankenhaus überreden. In ihrer Ratlosigkeit wollte die Tochter mit mir reden, was es mit der akinetischen Krise auf sich hat.

Ich saß an diesem heißen Sommertag gerade mit einem Ex-Kollegen im schattigen Gastgarten und der Kellner servierte uns beiden je ein kühles Bier. Nach dem Genuss des ersten Schluckes vom Gerstensaft klingelte mein Handy und ich sah, dass Marias Tochter am Telefon war. In der Annahme, es gehe um den nächsten SHG-Termin, vertröstete ich die Anrufende auf später. Zu diesem Zeitpunkt hatte der erfrischende Biergenuss erste Priorität.

Zwei Stunden später rief ich dann Marias Tochter an. Verzweifelt erzählte sie, was vorgefallen war und wollte von mir wissen, was eine akinetische Krise ist. Der Begriff war mir unbekannt und ich musste mich selbst schlaumachen. Google sei Dank!

Schon nach ein paar Zeilen war klar, dass eine akinetische Krise eine lebensbedrohliche Situation ist, die sofort im Krankenhaus behandelt werden muss. Diese Information gab ich den Töchtern weiter. Sie beklagten aber, dass sich ihre Mutter weigere, ins Krankenhaus zurückzukehren und baten mich, mit Maria zu reden, denn ich genoss bei ihrer Mutter ein großes Vertrauen.

Mit einer gewissen Enttäuschung, nun ein spannendes Fußballspiel der Europameisterschaft zu versäumen, machte ich mich um 21 Uhr nochmals auf den Weg. Die Töchter warteten schon auf mich und Maria fragte verwundert, warum ich gekommen sei. Ich klärte sie über die Dramatik auf und bat sie eindringlich, den Rat der Ärzte zu befolgen. Nach einer Viertelstunde hatte ich mit folgender Argumentation Erfolg:

„Maria, glaubst du, es macht mir Spaß, noch von zu Hause wegzugehen und auf das Fußballspiel zu verzichten, nur um dich zu besuchen?" Augenzwinkernd fügte ich noch an: *„Wenn ich dich besuchen will, dann mache ich es, wenn wir allein sind."*

Diese Worte zeigten sichtbar Wirkung. Kurz dachte Maria nach, dann schaute sie mich mit einem verschmitzten Blick von unten an und meinte: *„Gut, dann fahren wir!"* Die Töchter wurden beauftragt, alles Nötige einzupacken und sie rief selbst die Rettung für den Krankentransport an.

Ich ging aber erst nach Hause, als das Rettungsauto mit Maria an Bord abfuhr. Damit war „eine chinesische Krise" und auch der erste „Parkinsonselbsthilfegruppenhausbesuchseinsatztag"[45] beendet und ich sah dann noch den Schluss des Fußballspiels.

Nachzutragen ist noch: Das Glas Bier zu Hause vorm Fernseher hat dann sehr geschmeckt und geschlafen habe ich in dieser Nacht ausgezeichnet. Vom unattraktiven Fußballspiel gibt es nichts zu berichten – es endete torlos.

Parkinson – spätestens beim Elferschießen gewinne ich.

ACHTUNG: Lachen gefährdet deine Krankheit

Zwei Fußballfans schauen einem Spiel zu und einer brüstet sich: „Ich habe auch einmal gespielt."

Fragt der andere: „Warum hast du aufgehört?"

Der erste gibt zur Antwort: „Mein Arzt hat dringend geraten, dass ich mit dem Fußballspielen aufhören soll!"

Mitfühlend sagt der andere: „Warst du krank oder schwer verletzt?"

Darauf antwortet der Erste: „Nein, aber er hat mich spielen gesehen!

---

[45] Mit dieser Bezeichnung gehe ich in Konkurrenz zum gebräuchlichen Langwort „Donaudampfschifffahrtskapitänskappenschild".

Abschnitt: „Was noch zu sagen wäre“

Das Liebesgedicht von Erich Fried und eine parkinsönliche Variante

Das Liebesgedicht

Es ist was es ist …
… sagt die Liebe

Es ist Unsinn
sagt die Vernunft
Es ist was es ist
sagt die Liebe

Es ist Unglück
sagt die Berechnung
Es ist der Schmerz
sagt die Angst
Es ist aussichtslos
sagt die Einsicht
Es ist was es ist
sagt die Liebe

Es ist lächerlich
sagt der Stolz
Es ist leichtsinnig
sagt die Vorsicht
Es ist unmöglich
sagt die Erfahrung
Es ist was es ist
sagt die Liebe

Es ist was es ist …
… sagt die Liebe

Morbus Parkinson?

Es ist was es ist
sagt das Unbehagen

Es ist frustrierend
sagt die die Psyche
Es ist undenkbar
sagt der Geist
Es ist übertrieben
sagt die Angst
Es ist was es ist
sagt die Ratio

Es ist was es ist
sagt das Erkennen

Es ist die Unruhe
sagt der REM-Schlaf
Es ist geruchslos
sagt die Nase
Es ist schmerzhaft
sagt der Rücken
Es ist das Armhängen
sagt die Bewegung
Es ist das Zappeln
sagt das Gangbild
Es dauert alles länger
sagt der Tagesablauf
Es ist Verstopfung
sagt die Verdauung
Es ist schwitzend
sagt der Wärmehaushalt
Es ist das Zittern
sagt die Hand
Es ist unleserlich
sagt die kleine Schrift
Es ist die Stimmung
sagt die Psyche
Es ist die Müdigkeit
sagt fehlend die Kraft
Es ist der Blutdruck
sagt der Kreislauf
Es ist zum Husten
sagt das Schlucken
Es ist nicht dicht
sagt die Reizblase
Es ist die Bradykinese
sagt die Langsamkeit
Es ist der Rigor
sagt die Steifigkeit
Es ist der Tremor
sagt die Zittrigkeit
Es ist die Unsicherheit
sagen Haltung und Gang

Es ist was es ist
sagt der Neurologe

Es ist fast sicher
sagt die Symptomzahl
Es geht viel besser
sagt der L-Dopa-Einsatz
Es ist im Hirn erkennbar
sagt der Datscan-Check

Es ist was es ist
sagt die Selbsthilfe

Es ist schwer ertragbar
sagt ein Betroffener
Es fordert stark heraus
sagt die Lebenskraft
Es ist nicht das Ende
sagt die Lebensfreude
Es ist ein Neubeginn
sagt die Motivation
Es ist was es ist
sagt das Schicksal

Es ist was es ist –
Morbus Parkinson

Das wunderbare Liebesgedicht von Erich Fried inspirierte zu dieser Parkinsonvariante.

Mit freundlicher Genehmigung.

Erich Fried, Was es ist
aus: Es ist was es ist
Liebesgedichte Angstgedichte Zorngedichte

Verlag Klaus Wagenbach
Berlin

Kapitel 26
„Der Nächste!"

„Gesundheit ist leichter verloren als wiedergewonnen."

Deutsches Sprichwort

Kennst du das?

Endlich stehst du etwas keuchend und leicht schwitzend vor der Ordinationstüre. Die paar Stufen, gezählt waren es nur zehn, und schon außer Atem! Nein, es ist die Aufregung, denn auch das Herz pocht bis zum Hals. Heute soll es zur Gewissheit werden, ob die Andeutung des Arztes und die eigene Befürchtung zutrifft, dass Morbus Irgendwas das Leben auf den Kopf stellt.

Noch einmal kurz durchatmen und du zögerst, auf die Klingel neben der Türe zu drücken, als könne man damit den Lauf der Dinge aufhalten, so wie es umgangssprachlich heißt: *„Was ich nicht weiß, macht mich nicht heiß!"*

Das Summen des Türöffners fordert zum Eintritt ein. Die stickige Luft und das übervolle Wartezimmer verleiten fast wieder zu gehen. Die Dame bei der Anmeldung will aber die e-card sehen und meint: *„Sie werden warten müssen, heute ist viel los."*

Nun sitzt du mit gemischten Gefühlen und vielen Fragen im vollen Warteraum und wartest …

„Warten!"

Zuerst Monate warten bis zum Untersuchungstermin. Dann wieder warten, bis die Befunde erstellt sind. Und jetzt wieder endlos warten, bis man zum Arzt gerufen wird. Warum wird ein Termin vereinbart, wenn man wieder warten muss?

Die Zeit verrinnt und die aufliegenden und abgegriffenen Zeitschriften verkürzen das Warten auch nicht. Die Aufregung verringert sich nicht, ganz im Gegenteil.

Da knackt der Lautsprecher und die krächzende Stimme ist kaum verständlich: *„Herr XY, in Ordination 1"* – endlich! – rasch auf – nur nicht den Arzt warten lassen – der Blutdruck steigt. Dafür wird der Kopf leerer. Der Arzt blickt kurz auf und deutet auf den Sessel, bevor er in den Computer blickt – länger als in dein Gesicht.

Sorgenvolle Miene – auf beiden Seiten – man wagt kaum zu atmen. Dir wird eiskalt – Schweißperlen auf der Stirn, feuchte Hände und im Kopf ein Chaos.

Nach ein paar Sekunden Stille, die sich wie eine Ewigkeit anfühlen, räuspert sich der Arzt, blickt gestresst zur Uhr und liest vom Bildschirm fachchinesische Begriffe und Kürzel vor, die man nicht kennt und sagt dann mehr zu sich selbst:

„Ich verschreibe das Medikament »A«, 3x täglich und wenn Schmerzen auftreten…"

Das Summen des Arzthandys unterbricht die Ausführungen: *„Meine Tochter … – nur kurz!"*

Die Atmung stockt und keine Frage formuliert sich im Kopf. Der Arzt sagt nebenbei: *„Also wie gesagt, das ist nicht schlimm. Das wird schon wieder …"* und seine Tochter am Telefon fertigt er kurz ab *„Nicht jetzt ..."* und legt auf.

Die Sprechstundenhilfe kommt mit einem Blatt Papier und will vom Doktor eine Unterschrift. Sie mahnt noch kurz: *„Fünf Patienten warten noch."* Der Arzt beendet das Gespräch mit den Worten: *„Wenn noch etwas unklar ist, dann kommen Sie noch einmal vorbei. Draußen bekommen Sie eine Überweisung. Alles Gute!"*

Dann gehst du betroffen und ratlos nach Hause. Jetzt kommen sie, all die Fragen, die seit Wochen quälen. Was, warum, wie und so weiter. Deine Sorgen wurden nicht kleiner, sondern sie verursachen eine innere Beklemmung und du brauchst jemanden, der dir zuhört.

Vorbereitung und Notizen für das Arztgespräch:

- Alle Beschwerden auflisten (Seit wann? Wie oft? Wie stark? In welchem Zusammenhang?)
- Was hast du bisher unternommen? Gibt es Vorbefunde, Röntgenbilder, Behandlungen?
- Alle Medikamente mit Dosis und Einnahmedaten dokumentieren.
- Versuche zu eruieren, welche Krankheiten es in deiner Familie gab.
- Nimm eine Begleitperson zum Arzt mit. Sie gibt dir Sicherheit, hört zu und erinnert dich.

Wenn du die Ordination verlässt, sollte Folgendes geklärt sein:

- Um welches Gesundheitsproblem handelt es sich? Was bedeutet das?
- Was können die Ursachen der Beschwerden sein?
- Was muss getan werden und was kannst/musst du selbst dazu tun? Worauf muss man achten?
- Welche Vor- und Nachteile hat die vorgeschlagene Behandlungsmethode?
- Sind Nebenwirkungen zu erwarten und wie geht es weiter?
- Gibt es Alternativen und Spezialisten?

Mediziner sind Experten und sie verfügen über ein hochqualifiziertes Fachwissen. Aber auch du bist ein Experte – Experte deines Körpers und deiner Lebenssituation!

Kapitel 27
„Gewonnen"

„Die Hartnäckigen gewinnen die Schlachten."

Napoleon Bonaparte - Kaiser der Franzosen

Zum Abschluss sollen hier zwei persönliche Berichte über den Einsatz der Pumpentherapie eine Hilfe sein, diese Möglichkeit in Betracht zu ziehen.

Mehr Lebensqualität durch die „Pumpe"

Ein Erfahrungsbericht eines SHG-Mitglieds mit der Duodopa-Pumpe

Mein Rendezvous mit Parkinson begann im September 2011.

Meiner Gattin fiel ein Zittern des rechten Armes beim Zeitunglesen auf. Nach erfolgter Abklärung im LKH Graz wurde die Diagnose „Parkinson" gestellt. Durch die gute medikamentöse Einstellung und vor allem durch regelmäßige Bewegung konnte ich einige Jahre mein Leben fast so führen wie zuvor.

Wir konnten noch Fernreisen machen und bis 2018 bei Gruppenreisen teilnehmen. Gesellschaftliche Verpflichtungen, Vereinstätigkeiten und kulturelle Veranstaltungen waren in Fortsetzung meiner beruflichen Tätigkeit noch lange möglich - bis zu der „erzwungenen Auszeit" durch Corona.

In diese Zeit fielen auch drei Reha-Aufenthalte in Bad Radkersburg.

In der Zwischenzeit hatte ich mich der aktiven Selbsthilfegruppe (SHG) Leoben angeschlossen. Im Rahmen der monatlichen Gruppentreffen hielt der Parkinsonexperte Oberarzt Dr. Volker Tomantschger von der Gailtal-Klinik in Hermagor, wo eine ganze Abteilung speziell auf Parkinson ausgerichtet ist, einen Vortrag über die Behandlungsmöglichkeiten von Parkinson. Dabei bin ich erstmals auf Alternativen zur medikamentösen Behandlung aufmerksam geworden.

Ab dem Jahreswechsel 2020/21 wurde eine Verschlechterung durch erschwertes Aufstehen aus Sesseln, zeitweiligem Freezing, Startschwierigkeiten und verstärktem Rigor, Kraftlosigkeit in den Abendstunden und reduzierter Motivation deutlich merkbar.

Ich war im März 2021 erstmalig bei Dr. Tomantschger in seiner Ordination in Presseggen. Er verordnete eine Medikamentenumstellung. Daraufhin musste ich mein Parkinson-Medikament fünfmal am Tag im Abstand von drei Stunden einnehmen.

Dies führte zu einer enormen Beeinträchtigung des gewohnten Tagesablaufes und schlussendlich zu keiner Verbesserung meines Gesundheitszustandes. Nachdem ich zuvor schon das Skifahren und Radfahren aufgegeben hatte, verzichtete ich sicherheitshalber nun auch auf das Autofahren, was mich insgesamt stark belastete.

Damit wurde es notwendig, sich mit der Pumpentherapie auseinanderzusetzen und alle Vor- und Nachteile zu prüfen. Infrage kam alters- und krankheitsbedingt nur die Levodopa-Pumpe. Dazu kontaktierte ich neuerlich Dr. Tomantschger.

Er empfahl, zuerst das Medikament Corbilta einzunehmen, um die Körperreaktionen auf die enthaltenen Wirkstoffe zu prüfen. Nur bei positiver Wirkung und Verträglichkeit dieser Arznei würde eine Umstellung auf die Levodopa-Pumpe möglich sein. Corbilta zeigte rasch die erwartete Wirkung, sodass der Weg frei war, den besagten Eingriff vorzunehmen. Der sollte im Rahmen einer neuerlichen Reha erfolgen, denn der Oberarzt wollte mich vor der Umstellung eine Woche lang beobachten und dann mit mir die Entscheidung treffen.

Trotzdem stellten sich immer wieder Zweifel ein und gemeinsam mit meiner Frau erstellten wir zwei Listen.

Auf die erste Liste kamen die Ziele, die wir uns von der Umstellung erhofften: mehr Beweglichkeit, Überwindung der Lethargie und Antriebslosigkeit sowie die Vermeidung eines getakteten Tagesablaufs durch die häufige Medikamenteneinnahme.

Mehr als 20 Fragen beinhaltete die Liste an Dr. Tomantschger, die telefonisch und im persönlichen Gespräch abgeklärt wurden. Alle Fragen wurden mit viel Verständnis, großem Einfühlungsvermögen und Gelassenheit beantwortet und so stimmte ich – mit der mentalen Unterstützung meiner Gattin – der Levodopa-Pumpentherapie zu.

Die Umstellung begann im September 2021. Nach einem kleinen Schnitt in Magenhöhe konnte die Sonde bis in den Dünndarm eingeführt werden. Der Eingriff dauerte eine ½ Stunde und am nächsten Tag konnte ich die Reha mit kleinen Einschränkungen weiterführen.

Die medikamentöse Versorgung wurde komplikationslos auf die Pumpe umgestellt. Die Tagesdosis wird in kleinen Mengen über 16 Stunden zugeführt. Von einer persönlichen Ansprechperson der Pharmafirma wurde ich mit dem Umgang des Gerätes vertraut gemacht. Bis zum Ende der Reha konnte ich schon selbst die notwendigen Handgriffe unter Aufsicht des Pflegepersonals vornehmen.

Inzwischen wurde auch meine Gattin zu Hause von der Betreuerin eingeschult. Außerdem besuchte sie meinen Hausarzt und meine Apotheke. Sie steht jederzeit kostenlos für Fragen zur Verfügung und meldet sich regelmäßig. Mittlerweile gehört das An- und Ablegen der Pumpe zur gewohnten täglichen Routine wie das Zähneputzen.

Beim nächsten Reha-Aufenthalt 2022 in der Gailtal-Klinik waren der Oberarzt und sein Team hocherfreut über meine Entwicklung. Ich wurde gebeten, bei Informationsterminen für Patienten*innen über meine Erfahrungen mit der Pumpe zu berichten.

Schlussendlich kann ich sagen, dass neben ein paar kleineren negativen Aspekten die positiven Entwicklungen weitaus überwiegen und sich die Umstellung gelohnt hat:

- Ich bin bereits einen Monat nach dem Eingriff wieder selbst mit dem Auto gefahren.
- Ich kann essen, wann ich will, ohne auf die Uhr zu sehen.
- Ich bin wieder beweglicher und dadurch selbständiger.
- Ich kann wieder gesellschaftlichen Verpflichtungen und Vereinstätigkeiten nachkommen, Ausstellungen eröffnen, Sitzungen leiten und Theaterbesuche absolvieren ...
- Ich konnte im letzten Jahr wieder mit meinen Enkelinnen ein verlängertes Wochenende im Raum Grado verbringen.
- Ich konnte wie früher (nur etwas gemütlicher) die „Kunst-Biennale" in Venedig mit meiner Frau besuchen.
- Ich kann wieder die Arbeit im Garten verrichten und mich über die Ernte erfreuen.

Letztendlich kann ich wieder lachen und nehme das Leben leichter ...

PS: Für diesen Erfolg waren entscheidend:

- Die Gespräche mit Oberarzt Dr. Tomantschger
- Die Aktivitäten in der Selbsthilfegruppe mit Walter Ondrich
- Und letztlich die Unterstützung, der Zuspruch und die Liebe meiner Frau Gertrude.

****

SHG LEOBEN

Parkinson-Selbsthilfegruppe Leoben

Verständnis - Unterstützung - Information

Diskussion - Vorträge - Aktivität - Geselligkeit

„Gemeinsam statt einsam"

und man ist mit seiner Krankheit nicht allein!

In Zusammenarbeit mit der

Selbsthilfegruppe Deutschlandsberg

Deutschlandsberg

Pumpe mit Sonde aus der Sicht der Betreuung

Erfahrungsbericht von einer betreuenden Angehörigen

Vor 20 Jahren erhielt unsere Familie, unser Vater und wir drei Schwestern die Nachricht, dass unsere Mutter an Parkinson erkrankt ist. Wir waren natürlich schockiert und wussten noch nicht, was das bedeutet.

19 Jahre später musste unsere Mutter bereits alle 2,5 Std. ihre Parkinson-Tablette nehmen. Leider konnten diese ON-OFF-Phasen damit nicht mehr wirklich reguliert werden.

Trotz Tablette war nur eine sehr eingeschränkte Mobilität zu erreichen. Wir wussten oft nicht, warum eine OFF-Phase so lange dauert. Spaziergänge waren nur mehr sehr eingeschränkt möglich.

Die Stunden, in denen unsere Mutter ruhen musste, wurden immer mehr. Es wurde durch die bereits vorhandenen Schluckprobleme für sie immer schwieriger, die insgesamt 13 Tabletten pro Tag einzunehmen. Eine sehr fordernde Situation. Häufige Ratlosigkeit gepaart mit Verzweiflung.

Bei einem Vortrag von Dr. Volker Tomantschger / Gailtal-Klinik Hermagor hörten wir von einer Medikamentenpumpe. Weitere Recherchen im Internet und der Bericht über eine 80-jährige Kärntnerin mit dieser Pumpe veranlassten uns, einen Termin bei Dr. Tomantschger zu organisieren.

Bei diesem Termin erhielten wir genaue Informationen und Details zur Pumpe und besprachen die neue Pflegesituation, da unsere Mutter die Pumpe nicht selbst bedienen konnte.

Anschließend wurde gemeinsam mit der Familie beraten. Aber für unsere Mutter stand fest: „Ich kann nur gewinnen!"

In der Zeit bis zum OP-Termin kamen natürlich immer wieder Zweifel. Ist es die richtige Entscheidung? Kann man diese OP seiner 79-jährigen Mutter noch zumuten? Ist es ihr selbst wirklich bewusst, was es heißt, mit einer Sonde aus dem Bauch zu leben? Ich selbst war mir unsicher, ob ich das alles schaffen kann.

Am 2. Okt. 2021 war es dann so weit. Die Sondenlegung verlief ohne Probleme. Anschließend 4 Wochen Reha in der Gailtal-Klinik zur richtigen Einstellung der Dosis der Pumpe.

Bevor unsere Mutter nach Hause kam, wurden eine meiner Schwestern und ich von einer Mitarbeiterin der Pumpenfirma zu Hause besucht und bekamen eine Einschulung. Es wurde ausführlich erklärt und anhand einer „Übungssonde“ trainiert.

Nach einer kurzen Umstellungsphase war klar, dass meine Zweifel unbegründet waren. Inzwischen ist alles zur problemlosen täglichen Routine geworden.

Am Morgen, bevor ich zur Arbeit fahren muss, schließe ich die Pumpe an und im Normalfall versorgt die Pumpe meine Mutter bis zum Abend bestens mit dem notwendigen Medikament. Bevor sie dann schlafen geht, schließe ich die Pumpe ab. Da ist dann die Hautöffnung zu pflegen und die Anschlussstelle mit einer Folie wasserdicht abzuschließen. Damit kann meine Mutter sogar duschen.

Die Pumpe versorgt meine Mutter verlässlich mit dem Medikament und sollte einmal die Wirkung früher nachlassen, kann mit einem Notknopf durch eine zusätzliche Dosis das Wohlbefinden wiederhergestellt werden. Damit entfällt die Sorge, wie es ihr zuhause geht, wenn ich meinem Beruf nachgehen muss. Meine beiden Schwestern können meine Aufgaben ohne Schwierigkeiten übernehmen und vertreten mich im Urlaub oder bei Krankheit.

Unserer Mutter geht es sehr gut mit der Pumpe. Sie hat dadurch wieder sehr viel Lebensqualität zurückgewonnen. Spaziergänge sind kein Problem mehr, auch kurze Einkäufe sind wieder möglich. Kleine Arbeiten im Haushalt und Garten (Hochbeet) tragen sehr zur Lebensfreude bei, Familienfeiern können wieder besucht werden. Besonders zu erwähnen ist auch, dass diese ständige Ängstlichkeit von früher wesentlich weniger geworden ist.

Es war auf jeden Fall die richtige Entscheidung und unsere Mutter hatte recht: **Sie hat gewonnen**!

Kapitel 28
„Parkinsönliche Bettgeschichten – Gute Nacht“

Perpetuum mobile

„Guten Morgen …“
Mit einem Lächeln
beginnt ein guter Tag.

„Guten Tag …“
Mit einem Lachen
ist es ein guter Tag.

„Gute Nacht …“
Mit einem Lächeln
endet ein guter Tag.

Walter Ondrich
Autor und Parkinson-Betroffener

So ein Parkinson-Tag kann ganz schön fordernd sein. Das Gwirks[46] mit der Erkrankung beginnt schon am Morgen, wenn Muskelkrämpfe und die Steifigkeit der Beine daran erinnern, dass die erste L-Dopa-Tablette fällig wäre. Helfen könnte da die wasserlösliche und schneller wirkende Variante noch vor dem Aufstehen einzunehmen und im Bett auf die Wirkung zu warten. Damit sollte das Aufstehen besser möglich sein.

[46] „**Gwirks**“ ist ein Durcheinander oder eine verfahrene Situation.

Dann gilt es den ganzen Tag, die Uhr im Blickfeld zu haben, damit nicht auf das nächste Medikament vergessen wird. Was einem Parki dann im Laufe des Tages erwartet, ist ansatzmäßig in den einzelnen Buchabschnitten zu lesen.

Am Ende des Tages freut man sich auf das Bett und auf eine „gute Nacht". Mit dem Wunsch auf einen erholsamen Schlaf hofft man zugleich, dass es am nächsten Tag nicht mehr so weh tut wie am Abend beim Schlafengehen.

Kindern liest man Gute-Nacht-Geschichten vor, damit sie rasch und gut einschlafen. Die Lausbubengeschichten von „Max und Moritz" sind dabei sehr beliebt. So mögen auch die heiter-ernsten Geschichten von den parkinsönlichen Streichen einen guten Schlaf ermöglichen.

Parkinsönliche Bettgeschichten

Von Walter Ondrich nach
„Max und Moritz" von Wilhelm Busch

Ach, was muss man oft von bösen
Krankheiten hören oder lesen!
Wie zum Beispiel hier gleich dies,
Was einst Schüttelkrankheit hieß.
Statt alte Menschen zu verehren,
Will Parkinson das Dopamin verwehren.

Steif zu stehen und nicht weiter
Oder gar zu zittern, ist nicht heiter.
Langsam gehen, fast schon schleichen
Schwanken, stolpern und dergleichen.
So tut Parkinson die Menschen quälen
Und deren Lebensqualität bestehlen.

Was Parkinson nächtlich so getrieben,
Sei hier für immer aufgeschrieben.

Schon der erste von den Streichen,
Liefert Ärgernisse, die wohl reichen.

Parkinson grüßt täglich, ist aber auch nächtlich präsent. Also Tag und Nacht und von Montag bis Sonntag wird man immer an den Zustand erinnert. In der Wirtschaft nennt man das einen „7x24"-Bereitschaftsdienst oder eine durchgehende Firmenpräsenz.

Wer jemals die Grundausbildung beim österreichischen Bundesheer absolviert hat, bekam ein ordenähnliches Abzeichen überreicht. Die Aufschrift „*Stets bereit*" soll erinnern, dass man im Ernstfall für das Vaterland kämpfen muss.

Von dieser Verpflichtung bin ich mit meinem Alter zwar schon entbunden, aber mit Parkinson haben die zwei Wörter der Medaille eine neue Bedeutung erlangt. Nun sind es die angespannten Muskeln, die auch nächtens stets bereit bleiben, statt sich im Schlaf zu entspannen. Damit erlebt der Betroffene die Träume in der REM-Schlafphase sehr intensiv. Da kann es dann im Schlafzimmer ungewohnt lebendig, schlagfertig und vor allem sehr laut zugehen.

Wie in REM-Träumen zu erleben
Liegt sich's gefährlich - gleich daneben.
Rufen, laufen und auch schlagen,
Da sollt keiner sich näher wagen.

Dieses war der erste Streich,
Und der zweite folgt sogleich.

Beschwerlich ist es, aufzusitzen,
Man kommt dabei ganz schön ins Schwitzen.

Beim nächsten Streich bin ich dem Schwitzen ausgesetzt. Alles, was im Sommer dicker ist als der Tuchentüberzug, sorgt für schweißtreibende Nächte. Auch im Winter darf nur eine dünne Wolldecke den Bezug füllen.

Ein solcher Deckenüberzug hat aber kein Volumen und es ist nicht spürbar, wenn ich mich darauflege. Dann kommt es zum Bettendrama. Denn beim nächtlichen Aufstehen werfe ich die Decke rasch auf die Seite, weil doch die Blasenentleerung unmittelbar bevorsteht. Da darf keine Sekunde vergeudet werden.

Die Blase wartet aber nicht, bis die Decke zum Zudecken griffbereit parat liegt. So komme ich im Finstern leise vom WC zurück, setze mich auf die Matratze und lege mich passend hin. Nur noch zudecken – ich könnte wieder Schlaf finden, denn die Uhr zeigt erst 03:45 an.

Statt die Decke zu ergreifen, findet sich nur ein Knäuel Stoff. Ich ziehe daran und spüre einen massiven Widerstand von etwa 70 kg. Richtig geraten, ich liege zum Teil auf der Decke und alles Zerren hilft nichts. Mein Gewicht könnte ich beim Krafttraining locker heben oder stemmen, aber ich schaffe es nicht, die Decke unter meinem verlängerten Rücken hervorzuziehen.

Es hilft nichts, ich muss mich wieder mühsam aus meiner gemütlichen Grube in die Sitzposition hochwuchten und dann noch irgendwie mein Hinterteil anheben. Endlich bekomme ich die Decke frei. Jetzt bräuchte ich nur noch das Kopfende aus dem Fetzenlaberl[47] zu finden. Doch so sehr ich mit den Fingern am Deckenrand entlangfahre, die Decke scheint keine Ecken zu haben, woran zu erkennen wäre, ob ich die Längs- oder Querseite in der Hand halte.

Ich greife, ziehe, fluche und strample wie ein Käfer, der am Rücken liegt, mit den Beinen und Armen die Decke in der Luft herum. Ich komme ins Schwitzen, doch die „zusammengewuzelte"[48] Decke lässt sich nicht entwirren und ich finde keinen Anfang vom Ende. Das Ganze findet leise und im Finsteren statt, damit meine Frau nicht aufwacht.

Irgendwann resigniere ich entnervt und versuche, nur mit dem Stoffknäuel zugedeckt, noch eine Mütze Schlaf zu finden. Das Ganze hat etwa eine halbe Stunde gedauert und jetzt stellt sich natürlich kein Schlaf ein und ich bin putzmunter. Also gebe ich mich geschlagen und verlasse die Wettkampfbühne. Um 04:15h sitze ich am Schreibtisch und schreibe an meinem Buch weiter.

---

[47] „**Fetzenlaberl**" ist ein umgangssprachlicher Begriff für einen festen Stoffballen als Fußballersatz in den Nachkriegsjahren.

[48] „**Zerwuzeln**" ist ein österreichischer Begriff für „zerknittern" oder heftig über eine komische Situation zu lachen.

Inzwischen habe ich das Problem brauchbar gelöst, und zwar den Fuß- und Kopfteil horizontal zu vertauschen. Denn beim Fußteil ist der Reißverschluss zu spüren und ich erkenne damit meine Deckenkopfseite. Zusätzlich klemme ich das nunmehrige Fußteil zwischen Matratze und Bettfußteil ein. So kann sich die Decke nicht mehr vertikal verdrehen.

Kennt sich jetzt noch jemand aus? Wichtig ist, ich habe eine Lösung und brauche mit dem Fetzenlaberl nicht mehr im Bett Fußball zu spielen.

Parkinson will mich necken,
Und meine Sachen verstecken.
Kranke quälen, Ärger machen?
Vergehen könnt da das Lachen.

Dieses war der zweite Streich,
Doch der dritte folgt sogleich.

Mühsam ist es aufzustehen,
Um auch mal auf's Klo zu gehen.

Sich im Bett aufzusetzen oder überhaupt aufzustehen, ist für einen Parki ohne einen Haltegriff ein anstrengendes und oft fast unmögliches Unterfangen, das einiges an Kraftanstrengung fordert. Besonders, wenn man auf einer weichen Matratze liegt, die wenig Stützfestigkeit bietet. Das wäre nun der nächste Parkinson-Streich.

Aus der Sitzposition aufzustehen ist schon tagsüber schwierig, dass sogar die BIG-Übungen mit einer Übungseinheit den Vorgang trainieren. Problematisch wird das Aufstehen aber in der Nacht, von der Bettkante mit niedriger Liegehöhe. Sofern der Dopamin-Spiegel überhaupt ein Aufstehen zulässt. Wenn dann eine weiche Matratze die Sitzhöhe noch tiefer werden lässt, dann kann das Aufstehen sehr anstrengend werden. Ein fester Wandgriff oder ein Bettgalgen mit Griff kann da sehr nützlich sein.

Eine höhere und festere Liegefläche kann da hilfreich sein. Beides konnte mir meine gute Matratze (kurz vor der Parkinson-Ära erworben) nicht bieten. Für mich druckempfindlichen „Prinz auf der Erbse“ war sie seidenweich, aber nicht parkinson-tauglich.

Damit mein Parkinson-Körper die ideale Matratze bekommt (fester Kern mit weicher Oberschicht), testete ich in den Einrichtungshäusern alle ausgestellten Modelle. Es war ein amüsanter Test, von einem (leider leeren) Bett in das nächste zu „hüpfen".

Das Siegermodell erfüllt seit Monaten die gewünschten Anforderungen und bietet mit zusätzlichen acht Zentimetern Höhe auch eine höhere Sitzposition. Damit ist das Aufstehen erleichtert.

Ein Parki muss auch mal gehen,
Nur muss dazu er auf und stehen.
Ist es ihm endlich dann geglückt,
Fällt der Stein, der ihn bedrückt.

Dieses war der dritte Streich,
Doch der vierte folgt sogleich.

Wie er sich legt, so bleibt er kleben,
Zum Drehen müsst er sich erheben.

Parkinson hat für die Seinen einen klebrigen Streich parat.

Nein, es gibt keine Straßenblockaden mit festgeklebten Händen von sogenannten Klimaschützern. So eine Blockade schafft auch ein Parki im fortgeschrittenen Krankheitsfall. Wenn der von Fluktuationen geplagte Mensch beim Überqueren einer Straße auf dem Zebrastreifen ins OFF-Stadium fällt, dann steht der Verkehr auch.

Die eingeschränkte Beweglichkeit führt dazu, dass sich ein Parkinson-Betroffener im Bett kaum auf die andere Seite umdrehen kann. Er müsste dazu sein Becken heben, was aber nicht gelingt. So schleift der Körper beim Drehvorgang über das Leintuch. Wenn die Materialien des Leintuches (Bettlaken) und Nachtgewand eine mikroskopisch grob gewebte Struktur aufweisen, dann wirkt die leichte Rauheit des Stoffgewebes wie zwei zueinander gehaltene Reibflächen eines Schleifpapiers. Durch die Reibung der Stoffe bleibt ein Parki im Bett „festgeklebt", wie er sich niedergelegt hat.

Da sind feinfädige Gewebe aus Satin oder Seide zu empfehlen, die eine bessere Gleitfähigkeit aufweisen.

Ist so ein Leintuch fein und glatt,
Ein Parki damit Freude hat.
Er kann im Bett sich wieder regen,
Um sich mal anders hinzulegen.

Dieses war der vierte Streich,
Doch der fünfte folgt sogleich.

Von vielen Parkis ist zu hören,
Die Blase tut nächtens stören.

Im nächsten Streich verursacht Parkinson Schlafstörungen. Die „parkinsönlich reizende" Blase ist es, die einen durchgehenden Schlaf verhindert. In kurzen Zeitabständen fordert sie eine umgehende Entleerung und lässt sonst die Konsequenzen erahnen.

In der Regel läuft bei Parkinson alles langsam ab. Doch keine Regel ohne Ausnahme. Die Blase will schnellstens alles Flüssige möglichst ohne Zwischenlagerung loswerden. Bevor aber die Blase erlöst werden kann, müssen zuerst die schmerzhaften Muskelkrämpfe der Beine gelockert und die Steifigkeit überwunden werden. Erst dann ist man zum WC-Gang bereit.

Wobei der Terminus „WC-Gang" der Situation nicht gerecht wird, denn der „Offenmuskel" (Gegenteil vom Schließmuskel) signalisiert, dass die abtrünnige Flüssigkeit sich der Austrittsstelle nähert. So wird es fast ein „WC-Lauf" zur 15 Meter entfernten Abgabestelle, die trotz der Eile um drei Meter zu weit entfernt ist.

Erleichtert finde ich wieder zurück in mein Bett und lasse mich auf die Matratze fallen. Es ist 03:22 und es wäre noch genügend Sand in den Augen. Ruhig, still! Ich will weiterschlafen und es gelingt auch – fast. Herrlich, diese zehn Sekunden der Stille.

Doch da! Ein Gedanke ist ein Nachtgespenst und spaziert quer durch das schlafende Gehirn. Natürlich wird dadurch ein anderer Gedanke munter, steht auch auf und die beiden beginnen zu diskutieren. Dann stößt ein dritter, vierter Gedanke dazu und schon gibt es chaotischen Vollbetrieb im Oberstübchen. Kein Gedanke lässt den anderen zu Wort kommen und es herrscht Anarchie in der Denkfabrik.

In dieser Situation habe ich keine Chance weiterzuschlafen. Schon dreimal habe ich mit Anstrengung meinen Körper von einer Seite auf die andere gewuchtet und zweitausend Schafe gezählt. Das macht mich nur munterer und Arbeit gibt es genug. Also übernehme ich das Kommando und fordere vom Unruhezentrum reichlich Input für das Buch.

Das Werk ist somit endlich fertiggeworden und ich grüße parkinsönlich alle, die auch mit Parkinson leben müssen.

Dieses war der letzte Streich,
Das Buch endet nun sogleich.
Es sind Parkinson-Geschichten,
Erlebt, kaum nötig war's zu dichten.
Der Worte waren es viel zu viel,
Zu unterhalten, war das Ziel.

Was ist parkinsönlich zu machen?
Viel bewegen und mehr lachen.
Hat's gefallen, war's so recht?
Sprich darüber, gut oder schlecht!

Zu wünschen ist eine „gute Nacht“,
Dass Parkinson wenig Mühe macht.
Ich kämpfe weiter bis ins Alter.
Es grüßt parkinsönlich, Walter.

Zum Schluss noch ein Gedanke von Laotse:
„Die Raupe sagt, es ist das Ende.
Der Schmetterling sagt, es ist der Anfang.“

Hinweis: „Mit 66 Jahren – PARKINSON!“

(Kurze Inhaltsangabe zu meinem ersten Buch)

Mein erstes Buch beginnt mit dem Moment des Erkennens, an Morbus Parkinson erkrankt zu sein.

Im zweiten Buchabschnitt führt eine Achterbahnfahrt der Gefühle zum Annehmen des Schicksals, um letztlich den neuen Weg mit Parkinson beschreiten zu können.

Der dritte Buchteil befasst sich mit den selbsterlebten Früherkennungssymptomen und mit einem informellen Teil endet das Buch.

Das motivierende und humorvoll verfasste Werk richtet sich an die Betroffenen, an die Angehörigen und an das Umfeld von Freunden, Nachbarn und Kollegen. Für die Allgemeinheit soll das Buch aufklärend wirken, um frühzeitig die ersten Anzeichen zu erkennen.

Der Bestseller mit fast tausend verkauften Exemplaren ist noch im Buchhandel erhältlich (mit einer kurzen Druck- und Lieferzeit muss gerechnet werden). Die Taschenbuchausgaben und auch die stabilen und repräsentablen Hardcover-Exemplare sind jedoch beim Autor lagernd und werden auch versendet.

(Bestellungen per Mail an walter.ondrich@gmx.at)

Zitat der Lektorin Dr. Rosemarie Stern – Graz:

„Das Buch überzeugt mit sehr guter Ausdrucksweise und sehr gutem Aufbau! Außergewöhnlich sind die humorvollen Passagen, die mehr als einmal für herzhaftes Lachen sorgten!

Ein gut verfasstes Buch mit einem wunderbar positiven Ansatz!“

Ein paar Beispielskommentare der Leser*innen:

Mit dem offenen Bekenntnis und den intimen "Erlebnissen" schaffen Sie Vertrauen und Glaubwürdigkeit. Das Buch sollte in den Rang der ärztlichen Ratgeber aufgenommen werden. Danke!

Es ist bewundernswert mit welcher Offenheit und mit wie viel Humor Sie über die Probleme mit Parkinson schreiben.
Ihr Engagement gibt Mut und schafft Hoffnung. Alles Gute für Sie.

Seit 15 Jahren lebe ich mit Parkinson und erst mit Ihrem Buch lerne ich die Krankheit richtig kennen. Nun weiß ich erst, was zu tun wäre. Danke, dass Sie das Buch geschrieben haben.

Ein großartiges Buch!
Ich habe mich von der ersten Seite an, in Ihrem Buch wiedergefunden.

Ihr Buch ist sehr lesenswert und nun verstehe auch die Krankengeschichte meiner Mutter viel besser.

Lieber Walter, ich hoffe das „DU" ist OK? In Tirol ist das so üblich.
Dein Buch wurde mir von meiner Ergotherapeutin empfohlen.
Ich habe es bestellt und in einem Zug ausgelesen!
Es ist sehr klar aber trotzdem locker und unterhaltsam geschrieben. Es hat mir auch deutlich gemacht, was vielleicht noch alles auf mich zukommen kann/wird. Ich bin ein Neuankömmling in der Parkinson-Familie. Gratuliere auch wie du mit deiner Erkrankung umgehst und zu diesem tollen Buch. Alles Gute. Hut ab für deinen eisernen Willen.

„Ich habe 5 Bücher über Parkinson gelesen, dieses von Walter Ondrich ist für mich besonders interessant. Der Grund ist die humorvolle Aufbereitung des Themas. Darüber hinaus ist das Buch allgemeinverständlich geschrieben".

Ich möchte mich bei Ihnen bedanken, dass Sie dieses Buch geschrieben haben. Es ist nicht nur sehr informativ für Betroffene. Es sollte darüber hinaus eine Pflichtlektüre für praktische Ärzte und Physiotherapeuten sein und auch in deren Wartezimmern für die Patienten als Lesestoff aufliegen.

Ich kann dieses Buch also in jeder Hinsicht weiterempfehlen: Es ist wichtig für jeden „Parkinsoner", wichtig für dessen Angehörige, darüber hinaus auch wichtig und sehr gut geeignet für die dringend notwendige Aufklärungsarbeit in der Öffentlichkeit/Gesellschaft über Parkinson! Deshalb hoffe ich sehr, dass dieses Buch weite allgemeine Verbreitung findet! Danke Herr Ondrich.